女力世代

女人的創業實學

想要的自己親手創造

HerAttitude 著

獻給鐵打的玫瑰

創業這條路，我走了十九年，這是一段非常辛苦的路程，也是一種喜歡上自己的過程，想要做什麼？想走到哪裡？這些人生的目標，都得自己經歷碰撞，克服挑戰，才能找到真正的答案。

我覺得書中的女性創業家，像是鐵打的玫瑰，既溫柔勇敢又富有韌性，除了衝刺事業外，往往背負著照顧家庭的責任，對於她們創業的決定，我總是由衷給予掌聲，因為我知道下決心有多麼不容易。我也期盼這些鐵玫瑰的親友們，將關心與擔心化為鼓勵，因為在無數個無人可傾訴的時刻，跌倒又爬起的時刻，默默把眼淚吞回去的時刻，有所愛之人的支持，她們才能繼續往前走。

這本書彙集了不同領域，閃閃發光的女力故事，我所認識的女力代表，許多都是抱著解決問題的初心而創業，有的為了改善教育的漏洞、有的為了修補社會的缺口，都帶動了利他的風氣。一份事業不一定要做很大，但一定要對人好，對環境好，對未來好，在此祝福，每一位女力的成功，都讓這世界變得更好。

薰衣草森林創辦人　林庭妃

踏上只有自己才懂的英雄之旅

從二〇〇〇年進入飛雁計畫擔任顧問至今，看過也輔導過這麼多的創業女性，對女性在創業中會遇到的困難與挑戰可說是如數家珍，無論是在資金借貸、營運管理技巧、與家庭壓力，或者是女性創業主在規模、技能創新、或國際化等發展性議題上都傾向小格局等問題。

事實上就這麼多年輔導經驗，與同是創業者的體悟，我倒認為外界在看待女性創業者的種種問題前，需要先注意一個根本上的差異，那就是女人對成功的定義，可能並不在大數據的平均數字與政策想看到的規模經濟上，更多的女性是透過創業為手段，見證與實現自己深信的某個價值理念罷了。當然也因為追求的目標不同，女性所需要付出的代價與承擔的壓力自然比追求數字要更多，尤其為了能確保價值得以體現，大多女性會全權掌握每個環節，堅持某種速度感與流程，並同時也高標準要求自己扮演的每個角色，都要能面面俱到。

無論如何，創業是非常個人的旅程，除了創業者之外，沒有人能論斷哪個方式或堅持的理念是對或錯，因此，我只想藉此機會分享一些個人的心得給各位姊妹們當個參考，來面對日後創業過程中種種會引發情緒上的困境：

有智慧的離開垃圾車，確保自己做個內外健康的負責人

創業路上會遇到較多的是索取者而非給予者，女老闆們除了要面對事業上的挑戰，極有可能還要面臨親人或家庭角色的挑戰，以及外界的負面評價或社會期待，要想健康或者降低壓力，就要有智慧且主動勇敢地去降低外界帶來的干擾，有本書叫做垃圾車法則，建議我們離開會製造垃圾的人，也要注意別去做一個製造垃圾的人，我認為非常適合女性負責人去實踐，更需要注意習慣給自己負面評價的內在對話給自己的干擾，別讓自己是摧毀自己意志的稻草。

懂得運用資源，順勢而為

有許多女性在事業這一塊表現得太過好強，比方不求救、不願意欠人情，拒絕別人協助自己，只為了證明自己可以不靠他人活下去。我個人認為一個事業的負責人堅強是基本，但更要懂得運用女性優勢才叫做有策略，做生意本就是資源共享與交換，有智慧也有策略的不好強，不要逼自己去面面俱到，更不用強迫自己要做到別人沒話講，這世界不管你做得多好都有人有話講，順勢而為，善用優勢也善用資源，才能保持往外看，往外連結。

記得你是誰與明確的溝通

我經常提醒創業者要清醒，且說話要簡單粗暴夠明確。創業過程中不要有太多超過這個階段的角色浪漫，比方尚未站穩腳步，就當個啟發人心的領導人，或者還沒一起打過仗，就先要求大家像圓桌武士一樣開會做決定等等。我認為要想順利度過創業階段，創業者或團隊及早明確溝通絕對是一種落地的最佳策略，用未來願景的浪漫當動機，但清醒地溝通現在該做甚麼，確實要求彼此與落實執行進度，這樣才能看到目標實現的可能。

我認為每個創業者都在走一條，只有自己才懂的英雄之旅，每個人都在經歷自己的儀式，來見證自己從每一關的突破、超越、與實現，這趟旅程要多久誰也不知道，但我相信最後一定都會成為自己喜歡的那個自己。希望我個人的一點想法能對姊妹們有所幫助，也祝福各位的旅程，站站精彩可期。

鄧雲暉博士
飛雁鳳凰創新計畫貸款審查委員
AICCP 國際認證領導教練學院校長

林 溦
Evangeline

臺北市私立康寧老人長期照顧中心負責人

具有長照專業，並且連續多年擔任國內長照、社會福利推動之委員。所經營的康寧老人長期照顧中心以五十歲以上的長照需求者為主要客群，是一個溫馨的小家庭模式老人照顧中心。

劉雅慧
Yammy

匯森國際顧問創辦人

畢業即創業，15 年以上品牌育成 / 公關媒體 / 網路行銷的經歷，跟著全球行銷趨勢成長。擁有新廣告模式及系統導入實務，創造年營收破億。曾建立 Allianz、Mercedes-Benz、evian 等品牌社群整合方案，Motorola 等 3C 新機上市的品牌行銷策略、媒體採購及社群口碑操作。

黃政嘉
Seika

霹靂國際多媒體品牌總監

聚焦於品牌行銷、國際宣傳、IP 授權推廣等業務， 負責把關從角色、造型、分鏡、配樂到行銷策略的每一個品牌環節。 先推出《3D 激戰天下》系列公仔，後擔任《東離劍遊紀》行銷統籌， 近期更協助將品牌推上國際影音串流平台 Netflix。

蕭淑郁
Shannon

裸廚房（裸食主義有限公司）創辦人

擁有十年以上的外商品牌行銷經驗 ，所成立的《裸廚房》打破食品工業的一貫作風，堅持以無添加、優質天然食材來製作嬰幼兒副食品。

陳宓盈
Amber

永森投資股份有限公司創辦人

所選之物都是自己喜歡的好產品、好品牌。目前是 moonrock 護脊書包的台灣區總代理，亦代理 Bynebuline 銀飾 /sumblox 積木 /colorful candy style 包包等。擁有豐富的百貨、實體通路經驗，目前在全國多個百貨公司皆有設櫃。

謝依倩
Brenda

Funsiamo 玩美烘焙體驗創辦人

十年跨國團隊協作，大型專案管理經驗，打造烘焙體驗品牌，原創上百款精緻甜點蛋糕造型，已經超過萬人好評體驗。以成為亞洲最優質的玩美體驗品牌為目標，跨界合作國內外頂尖名師、提供舒適空間與頂級設備，讓所有顧客盡情地享受烘焙、料理手作的樂趣。

作者群介紹

翁玉庭
Tina

臺灣女性創業支持暨發展協會理事長

累積過去來自經濟部中小企業處、勞動部勞動力發展署等跨部會經驗，熟悉政府政策資源，包含貸款、獎項、補助。喜歡透過社群與更多創業女性相處，因此透過知蜜、HerAttitude 女性創業社群，創造自由分享交流的環境，讓妳的創業路不孤單。

何佳燕
Chris

Glowing 行銷社群發起人

熱情的行銷人，過去經營過網路製作公司，協助許多中小企業躍上數位舞台。因熱愛分享，創立女性內容網站，曾獲得網路指標 ARO 美妝時尚類第三名，出版過五本相關書籍，累積十萬會員。之後經歷大公司的完整訓練，同時轉變身分為媽媽之後，希望能以自身所長，協助女性創業者走出一片天。

蕭怡真
Demi

數據迷（格爾美思研究發展服務有限公司）創辦人

質化與量化研究方法博士，並取得美國賓州大學華頓商學院之商業分析專業證書。善於以跨領域及多元方法溝通客製化的服務，以有溫度的數據專業，陪伴客戶一起「善用數據，做出好決策」。

張雅嵐
Laura

HOWTRUE 好厝（箴實資產管理股份有限公司）創辦人

大學畢業即開始創業和接觸投資，累積十年以上的相關經驗和知識。2016 年創立好厝平台，致力分享投資理財相關知識和分析優質投資工具，讓投資人降低投資風險的同時，也能安全有效的累積財富。

劉嘉玲
Vita

八策品牌行銷顧問公司合夥創辦人
微迷野林生態咖啡館合夥創辦人

十五年品牌行銷背景，因期待能更平衡事業與生活，更有餘裕照顧家庭與孩子，六年前開始透過創業途徑以追求更彈性與符合自我發展的事業發展方式，希望能過自己的經驗與專業，協助欲品牌轉型或成立品牌的公司往前行。

洪巧芬
Vivian

晰穀有限公司創辦人

理工背景，任職科技業外商專案經理十餘年，在職場上處理手機相關專案一年超過二十個。選擇創業後建立米和雜糧營養相關知識品牌，在古老產業裡找到新的商業契機。

曾采穎
Sandy Two

精算媽咪的家計簿（啟動幸福文化有限公司）合夥人

曾創立過連鎖餐飲以及兒童教育事業並擔任政府計劃品牌改造講師，目前育有一兒，2020 年成立媽媽專屬的家計簿 Podcast 頻道，以家庭理財，自我成長與兒童教育三個課題為主軸希望透過社群媒體讓更多女性能夠擺脫財務困境，安心育兒，在財務安全的基礎上建立自己的理想生活與幸福的家。

陳欣舷
Catherine

芊茂拉鏈總經理特助

主要業務是國際品牌指定拉鏈廠商，如迪士尼 kohl's carter's Oshkosh。在肺炎疫情中協力製作防護衣，有幸為社會盡一點綿薄之力，往後會投入更多心思在台灣品牌上，一起將品質、聲譽做到更好，推向全世界。

盧湘凱
Kay

樂鑫開發工程創辦人

以推動綠色永續海岸工程為使命，現提供港灣營建及技術研發、專利授權及顧問服務。未來藉由大數據、視覺辨識及科技檢測工具的使用，增進對港灣碼頭及海岸建設之安全健檢，成為以維護代替新建、減少海洋破壞的「碼頭醫生」。

莊惠珺
Judy

電電租 共同創辦人

提供家電共享媒合服務，鼓勵大家出租家中的閒置家電，在賺點小錢的同時，也讓家電得到更多利用，進而達到共享經濟的原則，也形成另一種被動收入的新創模式。

黃鈺婷
Gafie

Vivreine 后域之心創辦人

目前旗下有專業手足保養護理沙龍，使用醫療級消毒規格及精品級的保養品牌，獨家結合俄羅斯極致與日式細緻的保養級美甲，同時引進俄式保養教學與美國專業手足保養品牌，專為手足質感與美麗而生。

蔡佩瑾

Mirror 女子專屬的聚樂部創辦人

透過會員制的運作，實名認證、匿名分享，整合線上線下資源，確保每一個會員在安全有隱私的環境裡，隨時紀錄自己的情緒，線上找到心靈的陪伴，線下參加各種精彩豐富的活動。

目次

CHAPTER 02
收起浪漫和不切實際，創業前要思考的事

CHAPTER 03 面對挑戰，搞懂比努力更重要的真能力

CHAPTER 04 創業是一種生活方式的選擇

Chapter

01

裝上夢想的翅膀，想要的自己親手創造

台灣有九成女性有創業意願，但真正創業的比率僅達三成，女性在創業時面臨了什麼樣的挑戰，夢想與現實之間的落差如何協調？現在的環境是否適合創業？女性又該如何創業？她們具備了哪些優、劣勢？

這個世代，女性創業的能與不能

劉嘉玲／文

相對於過去任何一個世代或時機，目前台灣對女性能力的肯定與女性價值，雖非滿分卻可能是史上最高點，且呈現向上趨勢，從商界、科技業、政治圈、媒體等等各個領域，女性嶄露頭角與受關注的機會並不匱乏。在這個時代，創業有著前所未有機會點，雖不代表創業成功更容易，但開始的可能性更為廣泛，形式也更為多元。

創業從來都不是簡單的過程，無論過往或是現在。但相較過去，這個世代有更多的工具、渠道、宣傳方式或更多可能性的商業模式，更多創業的規模層次。創業，不再受限於要投入身家的型態

創業身分：

從斜槓概念的崛起，到因應疫情更被大眾接受的遠距、自由工作型態，以及媒體生活化下成為意見領袖的管道更為多樣性，以創造內容為主的自媒體、網紅、部落客、專家等個人型態事業。並且，台灣漸漸走出代工轉換品牌的思維，出現了許多二代接班或品牌轉型的創業家，與因應新時代技術、平台、智慧應用等新創團隊，讓創業的身分更加多元。

銷售渠道：

在數位化與電商趨勢下，除網路消費外，團購、代購等分潤收益的經營方式，或以個人專家透過知識型分享，透過流量導入收益，甚至跨國的交易渠道也極為便利。而過去 B2B 才能做到的生意，現在透過個人也能實現……這些，都可廣泛稱為創業的途徑。現在，銷售方式更多樣化、便捷與系統化，過去傳統的銷售方式成為其中一個渠道。

資金來源：

天使投資、募資、群募、政府扶植、創業競賽……所謂第一桶金資源管道也越來越多元化。創業，不再只限於資本雄厚或必須得全數自有資金才能開始的狀態，這樣的情境與資源，雖不一定創業更容易成功，但也的確大幅降低了跨入創業的門檻，讓更多人心生嚮往。

為自己「定錨」

二〇二〇年萬事達卡的女性創業指數調查指出，台灣女性創業指數亞洲排名第一，首次擠進全球前十名，排名第六。二〇一九創業大調查中發現，在台灣的女性創業家，四十一歲以上的占比達47％＊。同時也有數據指出，台灣女性勞動參與率在三十歲左右明顯下降，然而女性創業有兩個高峰，一是未婚，另一是四十歲上下婦女。

我們可以觀察到，女性創業的初衷可能跟男性創業核心考量不同，平衡的生活與自我價值的實現，能更彈性與貼近自我發展的夢想是重要創業要素，相對的，創業規模並不一定是第一考量。同時，在創業的歷程中，每個階段都更期待能兼顧女性特質、母性、家庭、自我。尤其當女性走入家庭，更會從自身做的到，風險可接受、穩定成長且能兼顧或友善母職的角度來思考。

是天賦也或許是包袱

女性特質是經過人類演化的試煉，男女行為與思維的差異是與生俱來的。衍伸出女性在家庭中的角色，可以是天賦也或許是包袱，尤其當女性邁入家庭，自然的會希望能更符合上一代與下一代的期待，因此培養出更彈性卻也謹慎的思考模式，多工解決問題能力，對社會或環境議題更同理，除了實現自我，也希望透過自己的創業照顧到家人，甚至對其他家庭有益處。

經濟部中小企業處數據顯示，從女性創業的行業類型來看，行業類別主要以批發及零售業為主，比重占38.8％；次之為住宿及餐飲業占14.3％；第三、四為專業、科學及技術服務業8.1％與服務業占7.5％。從臺灣女性創業支持暨發展協會會員中亦可發現，女性創業的項目，除了專業考量，也更貼近生活經驗，從生活消費、親子、心靈、美學藝文、教育…等等，是更符合親身感受且較為擅長切入的創業項目，多半由自身生活經驗出發，在評估自身能力與可承擔風險下開始投入，猶如女性擅長烘培烹飪，抓住好料再思考如何炒出一盤佳餚的能力。

女性柔軟、同理心、重視細節、善於溝通也更樂意與他人分享、協調，適合資源整合型態的創業，而在這豐富創業資源的年代，以上特質便成為女性創業的契機。臺灣女性創業支持暨發展協會看見，女性創業者的態度往往是以共好的思維出發，無論在創業中的哪一個階段，女性能透過互相支持、資訊分享，帶給彼此更多正面能量，並且透過預見下一個創業階段可能面臨到的挑戰，預備好需要的資源，前往下一個人生實驗的階段。

劉嘉玲
Wildmii Safari Cafe 生態空間暨咖啡館共同創辦人
KDBC 八策品牌行銷有限公司共同創辦人

參考資料

1. 二〇一九創業大調查是由《數位時代》設計線上問卷，廣邀台灣創業家、共同創辦人與高級主管填寫，合計有效問卷211份。
2. 經濟部中小企業處一〇五年度女性創業飛雁計畫，一千名飛雁女性創業者追蹤調查現況。

女人們正在動手打造未來

蕭怡真／文

妳感受到社會氛圍的變化了嗎？是不是常常聽到周遭的誰開始創業了，或是也正開始籌備創業呢？經營事業，先要搞定人力、空間、設備、資金等議題，更別說在每個環節都需要人脈。以前提到「創業」，似乎要先準備一個周全縝密的計畫以及龐大的資金才有點樣子。根據調查（註1），有44％的女性中小企業主認為創業資金取得不易。但是現在，創業的第一步變得更觸手可及了！多虧了科技與社群媒體的發展，有些類型的事業可以免除空間、系統建置等需求，使得門檻大幅降低，這樣的趨勢對於想要展開事業的女性而言，確實是一大福音。

「全球創業觀察報告」（註2）指出，過去男性比女性更有機會及資源創業，而現今女性創業趨勢逐漸追上男性，扶持女性創業也成為許多國家的重點政策。以女性創業指數名列前茅的美國為例，在二〇一九年，美國有四成的企業以女性為主要的擁有者，這些企業提供了九百四十萬個就業機會，並締造1.9兆美元的營收。除此之外，在二〇一五～二〇一九年間，美國企業總增長率僅9％，但女性擁有企業的總增長率卻高達21％（註3）。

性別分工意識的影響

十年前我剛踏入性別研究領域的時候，當時接觸的議題大多都圍繞在傳統性別角色帶來的限制、職業婦女蠟燭雙頭燒、照顧負荷、女性職涯中斷及不穩定就業等議題。當時我很訝異，與經濟合作暨發展組織（OECD）中較保守的國家相比，台灣在傳統性別角色分工的意識型態方面，幾乎是落後了一個世代（註4）。也就是說，我們的父母所抱持的性別角色分工態度，是OECD國家中爺爺、奶奶輩所抱持的觀念！

身為一個女性，不論妳的個性為何，社會總是會寄予妳對他人能夠包容、關愛、全能、無私付出等期待。在台灣早期社會，女性常因為被置於家庭資源分配的最後順位，而難以在社會上取得優勢地位，又或為了照顧家庭而辭去工作，進而被視為家庭或國家經濟的依賴者；到了女權意識抬頭的時代，都會女性們則面臨著工作、家庭與自我之間的衝突。從古至今，一直都不乏能力與毅力出眾的女性，即使處在充滿不公與阻力的環境下，仍能夠發芽茁壯。但是平凡如大部份的妳、我、她，要如何突破結構性的性別框架所帶來的限制呢？我想，大眾意識型態的轉變、政策支持、資源與福利的配置對於現在我們所看到的「女力世代」都功不可沒。

到了這幾年，因為自己踏上了創業之路，才發現原來已經有這麼多女性同在創業路上，而且隨著女性創業話題越火熱，整體環境越加健全。在這中間，政府對於女性創業的扶持政策與資源是不可或缺的一環，但這些只是基礎建設，後續很多「軟體」，則是由踏上創業之路的女性們，以及以女性為主體的媒體、社群、商會、非營利組織等等共同建立起來的。除此之外，近年來一些女性在工作或是維持經濟收入的同時，開始一邊尋求測試商業構想的機會，使得非全職的「副業創業者Sidepreneurs」隨之崛起（註3），會以這樣的形式投入創業，大多也與女性的照顧責任以及想要為生活增添彈性有關。好消息是，這樣的趨勢讓女性創業的氣氛更加熱絡、型態更多元、更有彈性。

根據二〇二一年女性創業指數調查（註1），女性創業指數前三名分別為以色列、美國與瑞士。台灣則在全球58個經濟體當中排名第12名，在亞太區則拿下第4名。除此之外，全球的中小企業主當中，約有三分之一是女性，亞洲則不到二成，但台灣則有36.8%的中小企業為女性所擁有，可見台灣女性創業市場比全球整體趨勢更加活絡，台灣友善的創業環境以及女性創業支持體系也可能是重要的助力之一。當社會開始給女性更多的支持，讓許多處在不同人生階段、角色的女性可以有測試、開啟事業的機會，許多女性也以這樣的環境為跳板，開始動手打造、實驗自己的人生。

平凡如你我，也能開創自己的路

正在閱讀這本書的妳，想必是正在構思要展開一番事業、抑或是已經在創業的路上了，妳的創業動機是什麼呢？調查顯示，男性和女性創業者認同的創業動機大有不同：男性更著重於創造財富、繼承家業，而女性則更期許於對社會發揮影響以及嘗試從中斷的職涯中開闢出自己的路（註2）。確實，近年來有許多女性為了理想生活而創業，既然社會生態讓她們無法在工作、家庭、與自我當中取得平衡，那就自己闢一條路出來！我們也越來越常見到女性的社會企業家，透過創業，不僅打造自己要的人生，也嘗試解決社會問題、讓社會往更美好的方向前進。

現在，創業已不僅是資本家的專利，我看到許多女性透過創業來重塑自己的人生，並且巧妙地將我們以往視為對成功不利的特質（例如：時間零碎、多重角色、無法只專注於一件事情、關注他人、重視社會願景高於私人利益⋯等）聚集起來，變成獨特的商業武器。因為在獨特的生命歷程訓練下，女性練就出一番剛柔適中的身段。對於人與社會的關懷，也是女性創業者從市場中脫穎而出的重要因素。

儘管女性創業家在取得資金上相對弱勢（二〇一九年全球投入女性創辦的公司之募資量僅12%；註5），但她們卻更會「滾錢」——平均1美元的投資資本，女性新創能夠締造78美分的回收產值，而男性新創則僅有31美分（註1）。這數據應該會讓一票人跌破眼鏡！當女性與其男性共同創辦人一起出現時，人們更傾向認為男性是老闆，女性則是助理、秘書或下屬之類的角色。誰能預料，女性創業者以不同於商場主流的姿態出現，卻創下比男性更高的投資回收產值！

我在HerAttitude中與女性創業夥伴相處的過程中，也看到一些女性創業者在事業發展過程中特別的需求。例如：想要在安全自在的環境發展人脈；透過合作、資源串聯拓展更大的市場機會或是激發出創新模式；希望尋找到理念與專業兼顧的事業夥伴；希望能找到方法讓身兼多職變成優勢。由於特殊的生命歷程與經驗，女性於創業過程中遇到的瓶頸或需求在以女性為主體的場域特別能夠得到同理。除此之外，女性更樂於分享、合作、提供觀點或建議讓彼此更好，與夥伴們一起在事業取得進展，因此，這樣的場域除了適合發展長遠的支持與合作關係，對於處在創業前期的女性創業夥伴而言，亦是一個能夠探索及「安全試錯」的環境！

參考資料

1. 萬事達卡於二〇二一年國際婦女節發布的最新女性創業指數調查（Mastercard Index of Women Entrepreneurs）。該調查針對全球58個經濟體，透過「女性進步程度」、「女性教育與金融背景」及「女性創業環境」三大要素分析。
2. 「全球創業觀察：二〇一九／二〇年全球報告」（Global Entrepreneurship Monitor：2019/20 Global Report）
3. 美國女性創業報告（THE 2019 STATE OF WOMEN-OWNED BUSINESSES REPORT）
4. 傅立葉。從性別觀點看台灣的國家福利體制。台灣社會研究季刊；80期（2010 / 12 / 01），P207－236。
5. CrunchBase（知名的投資趨勢分析機構）於二〇二〇年發布《十年回顧：女性創業家募資報告》（A Decade in Review：Funding to the Female Founders）

女人的角色與挑戰

洪巧芬／文

女人適合當老闆嗎？女人可以創業嗎？相對於男性，女人創業最大的挑戰其實是平衡家庭與事業，只能選擇其一嗎？何時該關注家庭？如何兼顧一切？

台灣有九成女性有創業意願，但真正創業的比率僅達三成，其中還包括了夫妻共同創業以及家族協助創業等情況。女性在創業時面臨了什麼樣的挑戰，夢想與現實之間的落差如何協調？現在的環境是否適合創業？女性又該如何創業？她們具備了哪些優、劣勢？

一九六〇年代，已婚婦女剛開始從家庭走向職場，當時的社會氛圍還是圍繞著「女人上班是不是能好好照顧家庭」為主，大眾普遍認為女性應以家庭為重，而不去討論女性的職場表現、升遷管道。30年前，這個社會期許女性做個好媽媽，讓「男主外、女主內」；就算出門上班，也大多是考公職、做會計、行政、秘書，這一類門檻不高的辦公室工作。但是回到家，如果家務無法處理好，那可是天大的失職，妳會被批評成拋家棄子、只顧滿足自己的自私女人。

現在，經濟獨立的女性比比皆是：「女人CEO」、「女性高階主管」，在職場表現出色的女性非常多。有些單身、有些已婚有小孩。但是回到家，她們讀的親子書寫著「陪伴就是最好的教養」、網路文章裡告訴妳「下班要有 me time」。經過了十幾年平等教育的推動，女性教育程度普遍提高，我們可以是科學家、工程師、會計師、醫生、教授；當然我們也是傑出的主廚、記者、創業者、領導者、政治家甚至總統。就算是一般的辦公室工作，我們也期許自己能做得出類拔萃、更好、更快。

社會風潮的確賦予大眾對於女性角色的期待，我認為現在這個社會給女性的標籤是 superwomen，可以同時完美扮演多種角色；經濟獨立；對孩子有耐心，關心下一代教育；還會呼籲「對自己好一點」。這樣的期許對於現代女性在多重角色扮演中更常要求自己是一顆球都不能掉。

平衡理想與多重身份

二〇二〇年，在往台北的高速公路上，車後座是我一對四歲、二歲正值甜美小怪獸時期的女兒。時間是星期天的晚上，我們從娘家要回台北。這天我跟部落客開了一個新的團購，我第一次使用這套系統，一邊摸索，一邊希望盡善盡美。

團主剛剛發現表單中有個地方標錯價了，團已上線。就像許多少個0的標價，下越多單可能會賠越多。幸好暖心的客人提醒，我坐在副駕上要拿出電腦修改跟聯絡，希望損失可以控管。

大女兒發燒不舒服；她妹妹這裡癢那裡癢喊要媽媽，媽媽沒回應就放聲大哭。車上氣氛混亂而緊繃，但老實說，我聽不到，這個媽媽現在完全在工作模式中。

我先生開車開到超生氣，大吼：「你女兒叫你，你就只盯著螢幕完全沒有要理她嗎！」就在這時候，我事情剛好做完回神，立馬接棒，給孩子精神上的溫暖。

當天半夜姐姐氣喘急診到三點，我早上再帶妹妹看流鼻水醫生，送上學。十點去開會，下午處理出貨跟放假在家的小孩纏鬥。隔夜姐姐再度半夜喘起來，我早上送妹妹上學，幫姐姐掛號、衝到台北國際會議中心參加行銷年會，中午休息吃飯時間終於有時間把手機拿出來滑一下。

以上是我這個創業媽媽的日常。在這個故事裡，我的角色是母親、妻子、女兒及創業維艱的老闆。我的角色切換必須是彈性的，顧全大局的，我的情緒必須是穩定的。也許妳看到這裡覺得辛苦，也許上班比較不辛苦？

家庭與職場的拉扯

回到二〇一五年，我在全球前五百大外商公司負責專案經理，跟美國聯絡要開會，跟客人討論要開會，開不完的會。讀不完的email，出差就是駐美國一個月。懷孕三十週時我出現子癲前症，全身性水腫、血壓上飆二百，頭痛到站不住。

醫生告訴我孩子吸收不到營養，媽媽隨時可能會中風，很危急，需要立刻住院。躺在床上安胎的我，仍在電話裡主持會議，安排公司事情，替客人趕著除錯、量產。那時候常常有一種自己很委屈想哭的感覺。臥床了四十天，肚子裡的孩子還是長不大，在醫生的建議下，剖出來養也許比較有效率。一剖開，連醫生都驚呼「好小！」一千五百克的大女兒在保溫箱住了四十天才回家。

生完孩子回到職場，一種為誰辛苦為誰忙的念頭一直在我腦海裡纏繞不去。先生剛接家裡的雜糧行，百廢待舉。總覺得他需要人手，我卻幫不上忙。他很忙、我很忙，可是我們到底為誰辛苦為誰忙？

記得在一場演講上，有人問一個成功的女性創業家「妳怎麼兼顧事業與家庭？」她的回答令我印象深刻：「沒有辦法兼顧，我沒在兼顧家庭。」我想糟了，我創業不就是為了想離開忙亂的工作，兼顧事業與家庭嗎？做不到嗎？那跟回到令人崩潰的上班日子有什麼不一樣？家庭與事業無法兼顧只能取捨，難道真的如此嗎？如果無法「兼顧」，是不是有辦法維持一個「平衡」的狀態呢？

創業沒多久，我有了第二個孩子。兩個孩子年齡差的不算多，她們老是計較媽媽講誰指定的故事多、誰多一塊餅乾、誰會的東西多。但老天，我對她們的愛是一樣多的，她們在我眼裡是一樣可愛！

不需要知道為什麼，我就是有這麼多的愛去愛她們。她們在我的心裡，從來不是用取捨來衡量。

這兩個孩子帶給我人生太大的啟發。我才發現我不需要在事業與兩個孩子之間拉扯、比較誰占有的時間多、誰獲得的心力多。只要我轉換成這麼想：把事業看成另一個孩子。這三個孩子我一樣熱愛，並留給每個孩子最獨特的時光，最需要的資源。

我體悟到，沒有人能「兼顧」所有的事。兼顧就像是指著你的鼻子要你每件事都拿 100 分。雪柔・桑德伯格，現任 Facebook 營運長，在《挺身而進》（Lean In：Women, Work and the Will to Lead）中說：「完成比完美更重要，我努力擁抱這句箴言，不要堅持難以達到的標準。」

與其想要「應付一切」、「追求完美」，我把焦點放在「平衡」。要平衡並非執著於如何均分有限的時間，而是有無限的愛當做支援。不再為了熱愛事業而對孩子有愧疚感，也不再為了孩子壓縮了工作時間而悶悶不樂。我愛我的工作，如同愛我的兩個孩子們。我不會是滿分媽媽，或一個滿分的創業家，但我內心是平衡的，不再因為這樣的拉扯而痛苦。那時候，我的生活好像找到了平衡的解法。

別忘了自己

可是，當一個母親會累，更別說是一個創業的母親。就算我們把標準放在完成，或放在90分，甚至80分，還是很難。一個還沒有小孩的朋友曾經跟我說，她想像中的照顧孩子，就是媽媽一邊打電腦工作，孩子在旁邊玩的很開心。母子還不時相視而笑，多美的畫面（#inyourdream）。

真實的版本是：「媽媽！陪我玩！」「妳當這個，我當公主」「幫她想名字」「專心玩嘛」「我要大便」「講這本故事」「妳在跟誰講電話」「我尿濕褲子了」「水打翻了」「吃飯了！」「來吃藥！」「妳爸勒？」「去找你爸！」……相擁而哭還差不多！好累！

原來，把事業當成另一個孩子不是完整的平衡。請再把妳自己的內心小孩當成妳的另一個孩子。唯有這樣，對自己像對妳的孩子一樣寬恕，一樣支持，一樣去療癒它，妳的心才會平衡，才解的開這看似不可能的僵局：工作與家庭的平衡。妳的孩子、妳的事業，跟妳心靈的孩子，都是妳的孩子，妳的照顧範圍。

對了，請不要把先生當成孩子，他是成年人了，他應該照顧好自己，與他內心的孩子，以及，當然，你們的孩子。請和另一半好好溝通這個平衡。

當然，我迷惘的時刻還是很多：時間不夠用啦！錢賺的好少啦！決策對不對，我的方向對不對，時間衝突時該出席家長會還是商務座談會，諸如此類。但如果沒有這些疑惑，就不會一直回頭檢視初心。我認為不安是好的，沒有這些不斷問自己的聲音，只會變成一個剛愎自用的人，失衡就容易發生。

二〇一五年「總統與女性青年創業家座談會」中提到：「女性與男性創業者最大的區別，是風險意識較高，所以普遍規模較小，在成長與營收的保守預估，導致資源申請不易；另外，親友家人的支持度較低也增加了創業困難。」

再加上女性創業者如果再擁有「母親」角色，這樣的職家衝突，常常是造成女性在創業路途上卻步或止步的因素。你應該聽過「我想多陪陪孩子，但覺得女性需要經濟獨立，所以我在帶孩子之餘，弄網拍，開團購。」我看過很多這樣的「創業」例子，大概在一年之後就會回到職場上班。

原因是女性對生活的體驗非常多，從生活經驗或解決生活上的痛點作為出發，是很常見的創業題目，這是很大的優勢。然而創業項目，要如何發展成商業模式需要謹慎思考。同時，一般認為女性在果斷力、執行力、勇氣和冒險上是比較欠缺的特質，而這些正是創業成功與否很重要的因子。不可諱言，我在做專案經理時，會面對很多新進的專案經理客戶（PM），她們比較會出現，要不要告訴客人、要不要責怪 RD，要不要這樣，要不要那樣的困擾。

也許你會說「那麼我單身，我也不打算結婚有小孩，總能衝吧！」我身邊的單身女性創業者，不論在創業之初，或已事業有成，依然容易被當成家裡那個「時間彈性」的人力成本：從勞心勞力照顧生病的媽媽，到代買家庭用品這類瑣事。你會發現，支援者的角色常落到女性頭上。一樣的，回到初心，如果開展事業的原因的確是因為時間可以彈性調配、支援家庭，這的確是一個平衡的結果；倘若你發現這類的事情已經影響到你的工作進度，請發起家庭溝通。或是軟性地，躲到咖啡廳工作。

好消息是，二〇二〇年師範大學的研究《女性創業者職家衝突與創業自我效能相關之研究》結果指出「針對已有一定成就的女性創業者進行調查（這裡指的是歷屆飛雁計畫菁英獎得主），發現此族群有高度創業自我效能（這裡指的是信心程度），對於自己創業層面所需要達成的任務，具有相當自信，同時發現此族群有較低的職家衝突」，也就是說，創業者經過初期的艱辛後，就可能有較高的彈性分配資源，兼顧家庭和事業。但我還是想說，沒有人會覺得自己一百分，我們都在抓取一個平衡點。

與其說女性辛苦地轉換不同角色，不如說我們對於人與人之間的緣分顯得更為珍惜；更認同每一種角色都對生命帶來滋長。別忘了當創業成功的時候，會希望是身體健康、家庭美滿、財富自由，生活豐富、朋友間充滿交流、個人的興趣能得到照顧，而不是創造出一個連自己都不想面對的情境，對已經發生的事又為能為力。

每個人創業的原因都不同，也許希望能獲得更多的金錢、更富足的生活，也許是與他人的連結，自我實現。對我來說，創業會讓我看到一個不同的人生觀點，強迫自己從不同角度思考一件事，承擔更多責任與風險，給予生命不同的體驗。創業，帶給妳的意義又是什麼呢？

翁玉庭

臺灣女性創業支持暨發展協會理事長

３月８號誕生，註定此生在女人堆的緣分。 喜歡嘗試新事物，挑戰自我邊界，願望是這輩子身邊總能有一群大膽冒險、充滿正能量的女朋友們，一起用好奇心探索未知世界。

創立時間 / 2020.06
主要客群 / 女性新創事業 負責人、合夥人、投資人
2011. 經濟部中小企業處「女性創業飛雁計畫」計畫督導
2013. 財團法人中山管理教育基金會 副秘書長
2014. 成立知蜜台灣分會，促進跨城市女性企業主交流
2017. 成立顧問公司，專營企業主交流與訪台商務遊學
2019. 主持跨城市女性創業年會，於北京匯聚３００位創業女性
2020. 成立「臺灣女性創業支持暨發展協會」擔任第一屆理事長

找到最佳戰隊，成為彼此的貴人

翁玉庭／文

如果妳順利度過了「想創業」階段，真正踏上這趟自我實現的冒險旅程，恭喜妳，已經從95%「曾經想過創業的上班族」晉升為創業者！無論妳是全職投入、斜槓創業、或展開前期測試，相信妳思考問題的觀點已經從「擔心害怕」轉換為「問題解決」模式，進入打怪不斷的新階段！

職場勝出，妳需要專業過人；創業成功，客戶說了算。因此當妳成為自己的老闆，就要習慣「一分耕耘不等於一分收獲」，客戶用買單為妳所提供的產品服務驗證。妳開始打破許多創業前的「幻覺」，為自己許多誤判的情境「付學費」，因此也希望能夠向經驗者請教，下次可以少跌兩個坑；因為妳知道身為負責人，意指需要為自己的決策負全責，可能一句話就是價值百萬的金玉良言。

哈佛商業評論刊出的研究調查發現，「無論在職場或商業上，不可諱言傳統的權力核心圈仍然由男性主導，要能夠加入是不容易的。現在女性在職場裡更有份量，她們也願意建立自己的信任圈，成為彼此的後盾。」既然如此，女性也可以重新建立一個更符合需求的支持系統，連結有力量的每個小節點，成為一張有影響力的網，讓「過來人」與努力中的女性分享經驗。

根據創業必讀經典，史丹佛大學「精實創業」一書，提到在創業早期或是新項目開展之前，妳需要一個能快速獲得最大反饋的初始對象，用最少的資源啟動，驗證自己的想法是否能通過市場考驗，在一次又一次的測試中，依據消費者回饋快速修正產品；千萬不要等到產品已準備完美才推出，否則可能會在消費者根本不在意的地方浪費珍貴的早期資源，以致於沒有足夠的資本支撐到獲利階段。

HerAttitude 明白妳除了發動身邊親友幫忙，還需要一群對於商業市場熟悉、也願意說真話的體驗員，都站在希望妳能成功、產品更好的前提下，真切的提出看法。HerAttitude 提倡實驗精神，我們不僅身體力行每年推出「實驗計畫」（妳正在閱讀的本書，正是我們嘗試集合會員之經驗，以共同品牌概念出版的嘗試），更期待妳善用身邊的群內姊妹們，並時時檢視營運必備的商業模式圖，我們一起加速！

找到想成為的人，主動靠近

我曾經擔任過經濟部中小企業處女性創業計畫的專案管理人，每年透過培訓接觸千名女性早期創業者與預備創業者，看見許多雙閃爍著勇氣和動力的眼神，聆聽她們熱切分享但尚未成熟的計畫，當時我所能做的有限，尤其在計畫內著重的培訓與競賽，身為執行人更多的是關注整個框架與流暢，然而這些僅有幾面之緣的女性創業者精神，卻讓我深刻感受到那股堅毅的力量，於是內心招喚著我必須換一個方式與她們靠近，三年後選擇創立女性創業社群，為大家創造一個有實務分享，也有內心支持的場域。

後來因緣際會創立了專做兩岸企業主交流的公司，因為行程安排，有機會與這些在各自領域已有一片天的老闆們相處幾天，其中與女性負責人共遊的團隊特別令我印象深刻。我們一起走過以色列、日本京都、北京、上海、深圳、成都以及台灣不同城市，在路途上也把握時間分享經歷、針對事業問題腦風暴探討，晚上會穿著睡衣敷面膜在房間裡集合，從命理、哲學聊到家庭，聽見不同業主的價值觀、人生觀、與商業思考。

唯有真正看見才能理解什麼是「活出領袖」的樣子，無關職位稱呼，無關年齡性別，會被視為領袖的人身上，永遠散發一種謙遜溫暖，他說話果決但不決斷、行動堅毅是因為原則而不是固執，在能力所及她會主動釋出關心，保持適當的幽默感，參與團體時不說太多意見而是主動去做，引發同行人一起讓活動往圓滿靠近。

在創業路上難免徬徨，這時不妨環顧四周，找到一個符合心中理想狀態的典範人物，並主動向她靠近，妳可以欣賞她的價值觀、學習她的為人處事、思索她的決策判斷，為自己選擇一個好的學習對象與環境，在不知不覺中成為更好的自己。

成為創業者，並且與之同行的經歷，也讓我對於女性創業者這群「人」更加理解。不分國籍文化，我們同樣因為理想出發，一樣有家庭責任的羈絆，在內心挑戰社會文化、職場潛規則，面對事業發展也盡量不「麻煩」旁人；比起短期快速獲利，我們更關注長遠的社會影響；比起大破大立，我們更求溝通融合、穩健成長。

既然我們有共同的特質與需求，能不能更靠近，在有困難的時候找得到人開口，也有人願意伸出援手？「不要被動地等待，而是主動創造出妳想要的環境。」二〇一九年末有幸與認識多年的 Vita、Chris、Laura、Demi 再次相聚，希望能夠展現女性創業態度的 HerAttitude 應運而生，二〇二〇年六月獲得內政部通過「臺灣女性創業支持暨發展協會」。

HerAttitude 是才設立未滿一年的年輕社群，就像一個初生 Baby，我們擁有的物質並不多，但有的是這群人身上天生散發的美好氣質，在事業路上互相幫助扶持的關心，建設在信任和欣賞而非利益上的友誼，我相信一個透過正向影響的群體，能夠吸引到更多同頻人，支持我們一起走下去。

我在社群內，或許就像是女性創業里的里長，關心著大家最近好不好，隔壁的陳老闆或許可以幫上忙……以及善用我擅長的引入公部門資源，讓大家可以有一些額外的支持，在事業發展沒錢沒人沒資源的最開始，以更多的行動測試、快速驗證順利度過。別等到「事業成功」才開始建立妳的創業社交圈，若妳能在初期就找到最佳戰隊，過程中可以有許多一起前進、互相砥礪、說實話的好朋友，即

使在過程中也能透過經歷分享支持更多姊妹實踐人生。再回來一起創造、貢獻經歷，找到妳的戰隊，扶持更多姊妹實踐人生。

以共好、共創、共享支持

有人說市場是殘酷的，但，正視並面對它，幫助妳從天馬行空到落地踏實；有人說創業像打怪，每天都有解決不完的問題，雖然關關難過，回頭一看發現自己不知不覺走了很遠，不是在理想生活中，就是已經在路上；有人說做品牌太難了，沒有砸百萬做不了，但妳發現只需要活出自己熱切渴望的樣子，總有各種方法、貴人相助，能蒐集一百位懂得欣賞妳的鐵粉，支持妳度過早期階段，找到獲利模式；有人說沒有拚盡全力哪來成功，然而妳的心中除了在事業上自我實現，也很關注家人朋友與身心健康，妳知道只有事業可以再來，犧牲其他很難談上幸福，所以選擇用自己的節奏和最佳團隊，堅定展開。

妳的成功不需要由他人來定義。HerAttitude 匯聚有理念的風格品牌創辦人，我們想了解妳的獨到見解，無懼市場圍城，大膽做自己，玩出新商機；HerAttitude 讓每個人都能展現並貢獻自己的天賦，在一個共享共好互信的基礎下，玩在一起、學在一起、省在一起、贏在一起；HerAttitude 不只關注事業成功的方法，也討論家庭幸福的靈藥。

一切皆可共享，用最小資源展開。HerAttitude 了解女性創業者前三大挑戰，是「時間、時間、時間」，也許妳已經放下「超人媽咪」的偶像包袱，接受自己偶有完美扮演多重角色的焦慮，因此在 HerAttitude，我們需要妳一起打開孩子般的好奇與欣賞的雷達，通過合作、專業及經驗分享、與集合需求議價的通道，接受更快完成的方法，例如軟體及市場數據共享資源、數據思維養成、機器人客服、異業合作、聯合行銷等等，激發妳的新想法。

在個人品牌當道的時代，不僅消費者細分，創業者也必須活出自己的性格角色，我們透過認識妳的商業想法、了解妳的特點，協助妳在群體裏尋找同頻的品牌、資源與人脈，一起展開跨界合作。

HerAttitude 相信，女性是願意互相協助扶持的群體，在這裡可以自信站出來分享妳的觀點與想法，每一次表達與分享既是為他人貢獻，也為自己信任累積。

我們最關注的，始終是妳。

建立超越工作以外的支持社交圈

◇「工作擺一邊」人更喜歡與有相同的興趣或目標的人成為朋友。

◇「主動參與」而不是被動等待，一起創造想要的創業支持環境，並且讓更多人透過互動認識妳。

◇「維護關係」找到一個妳欣賞的對象，並主動尋求建議，保持關心與聯繫。

◇「正向影響」積極地氣氛會相互感染，學習自己消化情緒負能量，釋放正向幽默的訊息。

◇「讓他人閃耀」發現她不錯的地方大力讚揚、主動分享，別人也會發現妳是一個不吝給予支持的人。

◇「尋求幫助」不怕麻煩別人，互相幫助是快速建立關係的捷徑，在一個值得信任的群體裡不需要太好強、一肩扛，給他人展現支持的機會，妳們的關係會更靠近。

初期商業模式思考框架

很多剛創業的朋友是因為具有某項專業或優勢資源而展開公司，後來才發現創業其實需要許多綜合能力，前期人力金錢有限的情況下，特別需要做好資源盤點與連結。

這裡推薦妳運用「商業模式圖」來做更全面的思考，並為你的初期商業模式設置「使用期限」，建議以1～2年內可見的發展區間為目標，每3～6個月檢視一次，時時依據市場反饋調整內容。

商業模式圖

使用期限 ______________

重要合作

★現在哪些人或相關品牌會支持我，幫助我

◎夢幻名單：未來可能與我產生中長期合作的夢幻對象

關鍵服務

★我的主要服務或產品，只寫最重要的1~3項

◎多於3項可先列入，透過整體思考排序後刪除

核心資源

★我是誰
★我擁有什麼

◎核心資源其他人容易取得嗎？
◎哪些可能成為關鍵優勢？

價值服務

★我怎麼幫助客戶？
★為客戶帶來哪些價值？

◎有益於更大群體的社會價值（使命願景）
◎有哪些品牌服務提供與我相似的價值？是否容易取代我？

客戶關係

★我用那些方式與客戶維持關係、保持互動？

推廣通路

★宣傳：透過哪些管道讓客戶知道我？
★交付：他們可以用那些方式獲得我的服務產品？

客戶群體

★我能幫助誰

◎3種客戶類型
1.夢幻客戶：他非常需要我的服務，且一次會購買大量或定期採購
2.主要客戶：超過50%的客戶樣貌，我能為他帶來好處
3.一般客戶：偶爾有需求而購買
◎如同電影主角般描述客戶生活樣態，知道他們在那些情況下、如何使用產品服務

必要付出 / 成本結構

★仔細思考可能需要付出的，包含裝潢租金費用、薪水、財務會計、時間、心力

◎如果不如想像順利，0收入下需要想辦法支撐3個月，需要多少錢？我有哪些可用資源？
◎準備3個月周轉現金

具體獲得 / 收入來源

★廣義能帶來現在或未來收入轉換的獲得，包含金錢收入、粉絲數、可量化的經驗累積或知名度等

◎若前期可直接收入現金過低，有哪些必要付出可以刪除或延遲付出
◎為自己設立清晰可衡量的停損點

★必答題　◎延伸思考

Chapter

02

收起浪漫和不切實際，創業前要思考的事

怎麼踏出第一步？如何實現腦海中天馬行空的想像？時間與財務自由是創業者共同追尋的目標，但是在達到願望前，最好先有心理準備。少了打卡、請假等束縛，又能依自己需求調整時間分配，的確是吸引創業的誘因；但相對的，在盈虧自負的前提下，生活各層面受影響的壓力以及自我紀律的要求也更高。

蕭怡真

數據迷

透過數據做更精準、有效的決策，不只是大企業的專屬權利；中小企業與微型企業，都有機會受益於數據的運用。「數據迷」致力於陪伴客戶「善用大、小數據，做出好決策」，洞察消費者需求，期許成為事業經營者在品牌與顧客之間的橋樑。

創立時間｜2017
服務｜顧客洞察、市場調查、品牌與行銷策略、Google Analytics 數據解讀與應用、銷售數據分析、平台與系統之數據分析
主要客群｜中小企業、微型企業之經營者

找到驅動事業的核心動力與品牌定位

在創業初期資源有限的情況下，經營者可以用哪些方法了解消費者？如何擬定更精準的行銷策略？如何在競爭激烈的市場中找到品牌定位、脫穎而出？只有大企業才有本錢可以善用數據協助決策嗎？「數據迷」的創辦人蕭怡真，有著台大碩士、陽明博士學歷以及十年的學術研究經驗，原本以為自己跟從商、創業這件事完全打不著邊，沒想到高教環境的轉變，成為她踏上創業之路的契機。作為商場上的新手，她的事業發展過程，就如同多數的創業者一般，歷經多番波折、不斷試錯。善於分析與洞察的她，創業的前幾年就從品牌核心優勢、定位、顧客洞察等方向著手，逐漸把品牌的地基打穩。

創業，先培養歸零的勇氣

長年待在社會科學研究領域的蕭怡真，對於人群有著高度的關懷。所以不論是在生活中，還是在研究上，總是不自覺地尋找、接觸和「人」產生連結的面向。儘管對於數字和統計十分在行，她的碩、博士論文都選擇了需要與人深度互動、對談的質化研究。而且對於從聆聽中抽絲剝繭、嘗試協助改善問題有著很大的熱情。

在攻讀博士期間，蕭怡真深深感受到學術是一條孤獨的路。她循著一個學術人的發展路徑，日以繼夜做研究，並成功讓多篇研究論文發表在國際的學術期刊之中。但總覺得，這些知識、理論如果就停留在書本之中，而沒有在現實生活中加以應用，也太可惜了。於是在求學期間，除了投入超過十個研究計畫案的運作，也用數據專業協助非營利組織評估服務模式的成效。

當時的那些經驗，對於突破怡真既有的思維框架扮演了重要的角色。例如：在一個產學合作計畫當中，她意識到商業發展與她對社會的關懷並不衝突，創新服務模式的發展有助於解決人們生活中的各種需求與痛點，進而提升生活品質。另一個例子是，在非營利組織中，透過資料庫的建置和分析，協助組織發現社區需求，提升流程效率、並將更優質、有效的服務提供給社會上有需要的人。

「啊，原來一切才剛開始而已！」取得博士學位後，陷入職涯抉擇的兩難，看著媒體不時傳出大專院校退場、流浪教師議題越趨嚴重的相關訊息，她不禁想像，就算幸運找到教職做上五年、十年，結果有天突然拿不到聘書，緊接而來的就是中年失業危機了！預見這個可能出現在不遠將來的危機，決定以實驗與挑戰精神來「提早」面對。

過去的經驗告訴她，要讓這些研究方法和理論好好發揮，不一定只能在學術領域，也可以將自己的專業用來協助那些對社會有益的品牌與企業！面對卡關的死胡同，有時候就需要這般大刀闊斧的歸零、與重新開始的勇氣，這也就是決心創業的起點。「雖然這是一條跨界、創『辛』之路，可是路上的風景、遇到的人事物對我來說都很新奇，收穫滿滿！」

從市場缺口出發，釐清品牌定位

蕭怡真觀察到，大多數能夠受惠於「數據驅動決策」的公司，都是發展到一定規模的企業。相較之下，中小企業在資源有限的情況下，其實更需要善用數據協助決策，讓資源做更精準、有效的運用。但是執行市場調查或數據應用的成本對於許多中小企業以及創業初期的經營者而言，門檻實在是太高了。

看見市場缺口

看見市場缺口的她，從創業初期就立志要成為事業經營者的好夥伴，以平易近人的溝通與合作模式，讓經營者能夠受惠於善用數據與洞察帶來的效益。她所提供的服務除了需要從外部收集資料的市場調查之外，也很重視組織既有資料的運用。像是訂單、網站或平台上的資料，若能善加分析運用，可以讓經營者以有限的成本帶來可觀的效益。

設計以客戶為中心的服務模式，傾聽需求，根據營運問題、預算、資源等來客製具有彈性的方案。她也與客戶一起排定優先順序、擬定階段性目標，因為在快速變動的市場環境中，不進則退，能夠先解決一部分問題，也好過放任不管、任其惡化。因為重視「陪伴」的過程，比起專家形象，她與客戶之間更像是夥伴一樣的關係。

調整品牌的溝通策略

從學術背景出發、沒有經過商場風浪的蕭怡真，很快就遇到第一個瓶頸，儘管擁有專業、理想和熱情，卻很難喚起市場共鳴。痛定思痛後，她發現在學術領域的高規格研究方法所需的經費和資源，遠超出目標客戶的預算範圍。此外，事業經營者們得在多變的市場環境中，想方設法即時突破重圍。若是規劃了一個龐大、長期程的計畫來協助客戶解決問題，常常是成本高昂又緩不濟急。

她也發現，許多經營者認為數據之所以有參考價值，重點在於「大」，若是自己的事業規模不夠、沒有巨量資料、或是沒有資金進行大型的研究，那麼「善用數據，協助決策」這件事情就與他無關了。於是，她在品牌的溝通上做了很大的調整，透過講座、部落格文章、社群媒體來分享她的經驗和理念，強調數據並不是只有冰冷的數字而已，並透過實際案例的分享，打破只有大企業才能運用數據的迷思。

此外，蕭怡真也意識到，再專業的研究、調查、數據分析都只是工具，如果以這些工具作為行銷的標的，並無法喚起顧客的共鳴。因此，行銷策略也改從目標顧客的需求及痛點出發，並且讓他們知道數據能夠如何幫上忙。做了這樣的調整之後，終於越來越多的事業經營者想要嘗試看看，不再將數據拒於門外。

”掌握優勢，成為驅動事業的核心動力“

儘管在創業之初，蕭怡真認為她已經發現了市場缺口，只要好好堅持理念和服務品質，自然會吸引對的人上門，完全沒有意識到創業如同作戰。所以當進入競爭激烈的市場環境中，也曾一度迷惘。幾經貴人提醒，她知道自己應該好好運用自身的優勢，才不會兩手空空、沒有心理準備地踏上戰場。

經過仔細盤點，她意識到自己同時擅長質化與量化研究，是一個特殊的優勢，尤其透過深度訪談所挖掘到的線索，就如同在海面下的冰山般，是一個巨大的礦脈。於是她將「量化的理性及廣度」與「質化的感性與深度」融合為強大的洞察力，再搭配自身善於聆聽、分析的特質，陪伴客戶一起釐清、克服事業發展過程中的瓶頸。

從蕭怡真的觀察，一般人對數據的理解都還是停留數字上，所以她也致力於推廣「小數據」的概念，運用觀察、深度訪談等質化方法，從消費者口中捕捉到重要的線索與靈感。還記得，有一次市場調查的訪談對象比較特別，因為與特定的藝術品市場相關，她為了訪談到關鍵的受訪者，在不同縣市裡奔走，有時一趟路程就花了三、四個小時。她笑說：「趁這個機會我也能夠離開辦公室好好的培養靈感，而且還可以順便拜訪住在不同縣市、多年不見的朋友！」

更重要的是，當她從受訪者口中挖掘到很多有意思、可運用的線索之後，再遠的路途都值得了，回程的心情都是激昂的！此外，她也很期待每每要和客戶分享訪談結果、腦力激盪行銷策略的時刻，因為那些豐富又有趣的小細節，常常是日常生活中沒有發現的寶藏。

獨到的洞察力與熱情，就是為什麼她與一般「數據專家」有著截然不同形象，也是許多客戶認為她的品牌和模式獨樹一格的重要原因。在她逐漸把品牌的地基打穩後，也成功獲得客戶的極佳口碑推薦。

品牌策略基本功：從了解顧客開始

人們都在尋找一種「為我而設」的感覺。就蕭怡真的經驗來看，顧客洞察是品牌要從高度的市場競爭中開闢出自己獨特路線所不可或缺的環節。顧客洞察可以分為量化與質化方法二大類型：量化方法像是問卷調查、資料庫分析、網站與系統資料分析、市場趨勢報告的運用與分析等；質化方法則像是觀察、深度訪談、焦點座談。

> **”創業初期資金不夠，可以用什麼方法了解目標客群？“**

只要懂得運用資源和方法，不用仰賴專家，也已經可以收集到對決策有所幫助的資訊了，像「自行設計問卷調查」就是很熱門的方法。不過要留意，自己執行的小調查，若沒有經過嚴謹的研究設計，調查結果的運用就要謹慎一些。

最好在執行調查之前，先借力有一定嚴謹度、具有參考價值的調查報告來協助自己聚焦在一群特定的目標受眾，進而對這群受眾的特質、想法或行為有一定程度的掌握，然後才再針對這群目標受眾去設計與現階段決策更直接相關的題項，會是比較合適的做法。此外，自己進行的小調查，其結果較適合做為小型以及短、中程的決策使用，例如：從調查中發現目標客群的想法、痛點或行為，可以做為行銷策略與文案的靈感來源。相較之下，如果你的品牌要進行比較重大的、長程的、或者是涉及市場佈局的決策，就要避免將自己進行的小調查作為決策的單一、主要參考依據。

「提問、深聊」也是品牌經營者可以自行收集消費者習慣、意見、價值觀的方式。很多時候，深度的對話可以捕捉到問卷調查所不能得知的隱藏線索！除此之外，「觀察」也是容易執行且相當重要的方法之一，因為人們的言談跟自己的實際行動之間有時會有落差。例如：在問卷裡表現得非常注重均衡飲食的人，在真實的生活情境中也可能基於口腹之欲或社交需求而偏向不健康的飲食型態。

蕭怡真也強調一個節省成本的關鍵「盤點、善用手中握有的數據」！顧客的數據可能累積在顧客關係管理系統、POS 系統、平台、品牌官網或 APP 中。將這些數據加以分析或善用 Google Analytics，不但能了解顧客的輪廓與行為，也能產生許多對品牌決策有所助益的訊息。

”掌握核心優勢與市場缺口，建立品牌與消費者之間的橋樑“

消費者有千百種樣貌，想省荷包的人、重視素材的人、重視美感的人、有某方面困擾的人……都有不同的偏好和擇物方式，因此，若是品牌沒有設定對話的對象，就比較難打動消費者。尤其在品牌創立前期，先了解消費者對於特定產品或服務的看法、使用經驗或是痛點，有助於發現市場缺口，進而奠定品牌在市場中的定位。

雖然掌握市場缺口能夠讓人取得先機，但在競爭激烈的市場環境裡，隨時都可能有強力的競爭對手出現。所以事業經營者一定要認清，什麼是你的品牌難以被取代的核心優勢或與眾不同之處。一旦成功掌握，不只不易在競爭激烈的市場中迷失方向，也較容易設計品牌溝通策略，在消費者心中留下鮮明的記憶點。

蕭怡真說：「當對我們對於消費者有一定的了解之後，也記得要反過來檢視品牌所設定的目標顧客是否有調整的需要。整體而言，目標顧客的特徵越細緻、越精準，在進行宣傳、廣告投放時越能節約成本，並將『對的資訊』

傳遞給『對的人』」。

準備好外在與內在的環境

回想剛創業時，怡真的生活經歷與思考模式瞬間變得與周遭大多數的人不同，也很需要快速拓展自身的人脈與資源。在摸不出頭緒的當下，剛好有朋友引薦而認識了一群女性創業者，讓她得以在創業初期學習到對於創業有所助益的重要思維、發現問題、並快速調整。此外，在一同分享彼此專業的過程中，也意外地產生了合作的機會，對於後續事業發展有很大的幫助。

> “盡快進入創業的圈子”

創業的社群或商會裡充滿了各界好手與豐富的產業資訊，所以也是創業初期確立自身優勢、發現市場缺口以及釐清品牌定位的重要場域。在時間、精力與資金有限的情況下，能夠參加的社群或商會必然有限。很多時候，人們傾向直接去比較一個商會或社群裡面的人脈及資源；對蕭怡真而言，這些人脈、資源固然重要，但更重要的第一步是「自我檢視」──先釐清現在正處在什麼事業發展階段、需要的資源、人脈類型，以及自己適合什麼樣的組織文化及運作模式。此外，心態也很重要，和社群夥伴之間真誠的互動和分享、建立細水長流的信任關係，機會就會在對的時間點發酵。

就在她創業將滿第三年之時，一連串的因緣際會，與幾位女性共同創辦了女性創業社群HerAttitude。在這個強調共享、共好的社群裡，和成員分享自身的數據專業，也從不同專業的夥伴身上學到很多私授的眉眉角角。她認為，找到與自己契合的創業社群對於事業發展是至關重要的！因為那會是一個可以不斷地彼此學習、獲得動力的好環境，「看著一群富有經驗和智慧的夥伴不斷地勇闖直前，你自然也停不下來！」

“不要忘了內心的火花”

除了外在環境之外，做好內在環境的準備也是很重要的。蕭怡真說：「過來人就知道，創業途中總是有很多未預期的事件隨時準備擊退我們的信心。這我當然也沒少經歷過！」期間她仰賴創業途中的諸多美好時刻，來持續點燃她的動力。尤其她很喜歡和「人」產生連結，當她把自己的學術專長運用在實務領域中，真正對人、事、物產生影響力，這樣的經驗和喜悅，不但遠超過學術論文刊登在國際期刊時的成就感，而且還會持續累積和擴散。「還記得，有位客戶在結案時告訴我：『之前找了好

多公司，都沒有遇過像你這樣又專業又用心、真的把我們放在心頭上的』」，只是一句話的肯定，就使她充滿動力，也讓她更加確立自己要在這份事業裡扮演「以有溫度的數據專業來陪伴客戶事業發展」的角色。

所以，請記下創業初期的那股衝動和熱情、為什麼而踏上這條路、以及在創業過程中各種點燃你力量的事件及里程碑。這些紀錄會在創業的途中，成為你的能量來源以及指引的明燈。

品牌定位，是持續不間斷的功課

在事業發展前期就做好品牌定位，不但能讓資源做最有效的運用，也有助於加速品牌在市場中脫穎而出。但這不代表一旦做好品牌定位，就可以放著從此不用煩惱了。蕭怡真說：「品牌定位是一個動態的過程，不論是隨著你的事業規模擴展、方向轉變抑或市場環境變化，都會需要重新檢視與調整。但是也不要對於這件事感到沮喪，因為調整品牌定位，就代表你的事業要往更精準、更有效的方向升級了」。

在創業之路將滿三年時，以數據協助客戶事業發展的經驗越來越成熟，前期的努力也讓各方機會紛紛來到，但她也感受到數據科技不斷更迭所帶來的壓力，她知道如果以相同的模式前行，在不久的將來將會面臨重大挑戰。於是，在與她的創業夥伴討論後，決定給自己時間來做品牌的整頓和升級。

與此同時，蕭怡真獲得了前往多倫多歷練的機會，於是一邊觀察國外商業市場，一邊越洋和HerAttitude社群夥伴共同學習，以及陪伴著客戶的事業發展。在加拿大的期間，除了進修商業課程，也協助當地的民間組織做研究、共擬商業策略。期許藉由自身商業經驗的深化，以及視野、人脈的拓展，能夠發展出更契合數據科技時代的商業模式，以陪著客戶在科技浪潮之下，一起攻克事業的下一關。

在這裡，她也用自己的品牌發展經驗與同在創業路上的夥伴們分享，品牌定位是持續不間斷的事，儘管踏上創業之路後，我們都想要用最快的速度向前，但也別吝於留給自己檢視與調整品牌定位的餘裕，「蹲下，是為了下一次跳躍做準備」。

謝依倩

Funsiamo 玩美烘焙體驗 / 心玩藝國際有限公司

心意無可取代，快樂無所不在，以「Let's have fun together」為初衷，用全方位的科技服務品牌，顛覆傳統作法，從「客自化」全新思維出發，讓手藝傳遞心意，共創生活的無限美好。

創立時間 | 2017
產品 | 透過烘焙 DIY 體驗當媒介，形成精心時刻禮贈，或是美好的相聚時光
主要客群 | 零基礎、想準備一份心意禮物的烘焙素人或想與朋友歡度相聚時刻的人

創業不同階段面臨的問題

遇到阻礙如何解決？如何推動一些新的做事方法或流程？決策和行動的速度減緩了怎麼辦？任何組織，不論大小，不論新舊，不可避免的會經歷不同的發展階段，遇到困難與挑戰。謝依倩在創立「玩美烘焙體驗」的經驗中，因缺乏餐飲專業背景帶來了危機，卻也提供了漸進改善的機會，了解到一個創業者不只要會做問答題，更要會做選擇題，想要在競爭激烈的市場中生存，必須靈活調整自己與團隊的狀態，建立內部文化與思維，在每個階段學習、反省與成長。

動動手，注入情感、傳遞心意

相信甜點具有神奇的魔力，能夠在看似平凡的生活中帶出一抹亮光。這樣的故事，要從謝依倩的成長經驗說起。自小在加拿大求學與成長，總是看見西方家庭常會挑上一個爸媽與孩子都有空的閒暇空檔，親子一起窩在廚房玩麵粉、做點心；甚至有不少學校也設有烘焙課程，從小開始，幾乎所有人都曾親手烤焙餅乾或蛋糕的經驗。

這樣美好的畫面一直停留在謝依倩的心中，學成歸國後，卻發現了台灣與歐美的不同。我們雖然也很常食用甜點，然而多半是直接去店鋪購買，謝依倩說：「除了烤箱得要另外買，再加上還要另外準備烤盤、攪拌機、量杯、烘焙紙等各樣器具，以及去材料行購買一大包原料，得先做這麼多功課才能開始，還不知道最後會做出什麼東西，當然用買的比較快也比較好吃啦。」

誠然，生活在這個物質豐裕的年代，對多數人來說，只要願意付出相對的費用，似乎沒有東西是買不到的。不過，縱然錢財萬貫，真情真意卻是千金難換。也因此，目前 DIY 的風氣盛行，對於許多人來說，動手做更有意思，也更珍貴。

帶著這樣的發想，一個新的創業契機悄然而生。在「Funsiamo 玩美烘焙體驗」這裡，親自動手獲得的不只是一個蛋糕或幾顆馬卡龍，「完成的甜點只是體驗的開始，更重要的是我們加在當中滿滿的心意，藉著蛋糕與點心傳遞而出，讓每個品嘗到客自化甜品的人都能吃在嘴裡，甜在心裡。」

不只是入口後的愉悅，包括烘焙過程中的笑鬧互動，分享成品時的驚喜連連，這些都是希望能夠不斷複製的深刻體驗，雖然家住在台中，卻決定將首家品牌旗艦店設於最能引領潮流的台北市東區。

擬定好展店的目標，接著就是一連串不斷的南北奔波。當時一個禮拜中要搭數次高鐵北上是家常便飯，為了找到心目中蘊育美好心意的秘密基地，選擇一步一腳印的實地探查，「我的店面既要交通方便，也還要考慮到顧客停車、週邊住宅和店家所營造出的氛圍，想要找一個鬧中取靜的地方，就像我們在準備禮物時總是會悄悄的精心打造。」

Funsiamo 的甜蜜氣息與笑聲，陸續就在台北的街頭傳開。可能很多人會覺得，在家做糕點肯定會弄得一團亂，然而困難可以克服，用心情意無價，「我們就是要將美味、禮物與驚喜三合一，融為一體。」

為了讓烘焙成為一項令人愉悅的體驗，對於門市提供給顧客「自做」的食譜配方作了許多的改良，也不斷直覺化對於步驟的圖文說明。要讓驚喜不成為驚嚇的關鍵，是確保每位顧客都能如願在既定時間內帶走屬於自己的手工甜點，Funsiamo 門市人員的角色是 Daymaker（悅日人），成為傳遞快樂的秘方。

有一句英文俗諺是「make someone's day」，意即就是要成為小天使，讓人過得愉快，有好心情過上美麗的一天。也因此，在Funsiamo的Daymaker首要任務不是幫客人完成烘焙過程，而是當按步就班操作卻仍遭遇卡關時，可以幫忙看看問題是出在哪裡，大大提高成功率。

用不多的資源來做不少的事情

所謂驚喜，就是超乎意料的把「喜歡」端到你眼前。為了要能保持製造驚喜的能力，讓每位加入Funsiamo的夥伴挑戰自我，就也成為一種「改變中的不變。」

在Funsiamo的Daymaker不只是要會烘焙甜點，也要知道如何與客人介紹、推薦與溝通。以實際情況來說，要找到懂得烘焙西點的人不難，可以進行對外公關的人也不難，然而，要同時兼具兩種能力，甚至還有心思去開發或改良甜點的人才則是鳳毛麟角，十分難尋。縱使

Funsiamo的規模仍不算大，但只要朝著「以不多的資源來做不少的事」持續發展，快樂的美夢，還是可以在這裡發芽長大。

會有這樣的看法，她認為，主要的動力來自於長女的身分。小時候，面對一群弟弟妹妹，總是成了發號施令的那個，也幫大家顧前顧後、耳提面命；後來，結婚當了母親，對於孩子更是惜命命的不停打點與提醒。

期許Funsiamo就像不斷成長的有機體，包含自己的每位夥伴，都能成為促成改變發生的重要分子，大家都來一起造夢，一同讓美夢成真。像是動手做出一個「客自化」蛋糕，怎麼想都是女性族群會比較有意願嘗試的點子。然而她可不這麼認為，因此邀請大家一起發想，有沒有什麼口味是連男性都願意試試看的。

神來一筆，一群人想出了在蛋糕中加入烈酒，讓巧克力與格蘭利威單一麥芽12年威士忌共同組成令人微醺的「威士忌三重奏」蛋糕。此款新口味推出後大獲好評，甚至連原先不太有信心的合作酒商都刮目相看，「這款蛋糕賣的超好！後來有很多品牌開始和這家酒商談合作，也想要在點心中加入威士忌。」

還有，當白蘭氏也邀請Funsiamo一同合作，夥伴們則是打造出了以「永恆」為名的「馥莓飲馬卡龍」，讓有興趣挑戰的客人們能一次做出三種深淺不同的紫色馬卡龍。謝依倩說，每個馬卡龍完成前，都會再點綴染成紫色的冰糖以及些許金箔，「就像是一個個夢幻的紫水晶那般，帶著一點甜、很多美好，深深的留在你的記憶裡。」

面對這些想像力與執行力都超乎想像的夥伴，依倩說：「有時候大家都還會嫌我年紀太大，笑說我最適合當個最佳『反指標』，只要我覺得不錯的，那就先無視它吧，剛好不會被年輕人喜歡。」

這種開放且願意嘗試的心態，再加上與員工們認真卻不失詼趣的互動，也呼應了 Funsiamo 想要傳遞的「快樂、希望與明亮」，只要有心、熱愛生活，優雅從容的製造驚喜絕對是可能的事。以手藝傳遞心意，讓這份歡樂與溫暖留在心中，長長久久、餘韻繚繞。

經歷草創、建置、成長時期的不同挑戰，有機團隊是關鍵

Funsiamo 是謝依倩的另一個孩子，3 位開朝元老級團隊一路陪伴，從品牌概念發想、建立制度架構到多店經營，回望短短五年，公司卻也經歷了不同階段的轉變，希望藉此與大家分享。

” 草創籌備期（品牌0~9個月），助理、運營、總經理一人多角開展第一店 “

草創階段更多遇到的是人與人之間的磨合，當時沒有SOP、沒有制度框架下，大小事情都要自己決定，當時身邊只有二名員工、一名助理，做很多行政基底的工作，發現領導者在草創期更多需要決策的是怎麼樣分配資源，提供工作團隊精確指令。

選擇在台北開第一家店時，也是派員工北上駐點，沒想到三個月後迎來第一批離職潮，因為大家都是非餐飲背景，專業真的差距太遠了！血淋淋的經驗顯示，先前規劃的工作店面無法執行，現場需要機動、反應靈敏，後來找了一個連鎖咖啡廳營運專業經理人加入團隊，店面工作才步上軌道。

〝建置校準期（品牌10～18個月），流程培訓標準化，依據店型客戶校準內容〞

Funsiamo開始的前18個月，都在校正流程調整，完善研發總部功能，操作手冊從一頁長到現在六十頁，同時也受到京站邀請，入駐開啟第一個百貨門市，同時照顧兩個新生baby，還有街邊店和百貨店兩種完全不同的客層屬性，不僅客戶期待不同，還經常遇到百貨門市客戶做完蛋糕要「借冰」，順便當天逛個街或看完電影才回家。

”持續成長期（18個月～現在），遭逢疫情突襲，仍開門市長出Home系列新產品“

三年多來，Funsiamo在北中南開出六店，消費者對品牌已有一定認知，現在的課題是如何維持，並且持續擴店，也開始思考延伸應用，例如品牌跨界合作，體驗項目延伸。二〇二〇年Covid疫情爆發，店面受到極大影響，但很快在第三季推出Funsiamo Home系列，讓喜歡烘焙的客人買回家做，更嘗試與團媽、電商通路合作，看起來好像在做不同的事情，但還是在體驗的賽道上，只是換了一輛車，更深入家庭親子互動。

”不同階段的團隊挑戰，著手組織再造“

從一開始創業到現在經歷了三個階段，帶領團隊有不同的課題。依照品牌的成長速度，每一個員工基本半年會做一次輪調，嘗試不同的職能，最重要的是留才育才，可能一開始感覺找到60～70分的員工，但培訓他，允許他犯錯但錯中學，最後他也會進步成長達到100或120分，不僅讓當事人更有信心，也能帶著組織DNA長出適合的方法。公司創立迄今不到五年，但有三分之一的員工任職超過三年，現在團隊都比老闆還專業。

一開始需要團隊當手腳，更多需要由老闆來決策思考，指導團隊執行；中期需要團隊的經驗，依倩認為：「我有很多不如員工專業的地方，但我需要給出目標，讓團隊知道為什麼要這麼做；現在需要團隊當頭腦，我要他們能夠主動提出如何做，管理層都要有對品牌事務的掌控和想像。」

今年依倩嘗試畫出Fusiamo決策同心圓（品牌本身、總部核心同事、加盟主、廠商、消費者），讓大家清楚看見品牌精神傳遞到消費者端，其實需要經過很長的過程，每一個向下層環節的溝通都要思考方法。

過年期間公司總部製作了一本OKR書目發給每一位主管，用半年時間讓大家熟悉新制度，換一種溝通方式，大家才發現原來「你的超級急件，排在我的代辦清單很後面」，如果不拿出來講很難同理，總部現在也已不是高高在上，做的活動或策略會更符合第一現場。

可以辛苦但不能心苦

創業是一件很孤單的事情，面對未知市場與數不清的初次決策，經常需要催眠自己「可以的，我可以做到！」尤其女性創業者在生活中扮演很多不同角色，過程中尤其辛苦，但創辦人自己需要非常堅持，因為團隊在與妳相處的過程中，很容易感受到妳的狀態是「辛苦」還是「心苦」？是否還保持著熱情初衷？妳自己的身心狀態是否「完整或健康」？如果你的表現充滿勉強或無奈，不僅影響團隊的信心與工作氣氛，還有可能影響家庭生活。

創業很需要團隊協力，所以必須花費很多時間做組織間的溝通，有時候像傳教士在佈道，有時候像船長需要指引方向，有時候面對管理團隊也要裝傻：「這我也不懂，你覺得該怎麼做？」相信員工過去的經驗判斷，也給他們試錯的機會，只需要抓緊財務、目標數字，才會讓自己越來越輕鬆。如果都是老闆一個人乾著急，那就可以考慮不要創業了！

曾采穎

精算媽咪的家計簿｜啟動幸福文化有限公司

曾創立過連鎖餐飲以及兒童教育事業並擔任政府計劃品牌改造講師，目前育有一兒，2020 年成立媽媽專屬的家計簿 Podcast 頻道，以家庭理財，自我成長與兒童教育三個課題為主軸希望透過社群媒體讓更多女性能夠擺脫財務困境，安心育兒，在財務安全的基礎上建立自己的理想生活與幸福的家。

創立時間｜2020

產品｜精算媽咪的家計簿 Podcast 節目

提供財務結合心靈及生活的理財方法，會賺錢，會存錢，懂投資也要懂得玩，讓女孩們用正面的態度過好生活，讓每個家庭都擁有愛自己懂生活的快樂媽媽。

主要客群｜新手媽咪，上班族媽，理財新手，想要認真管理家庭帳務的人。

創業不能不懂的財務分配與資金準備

不少創業者擁有不錯的點子，但對於資金運用、營運模式評估、產業與市場狀況多存有不切實際的認知，因而容易誤判情勢。財務規劃是創業將會面臨的重要問題，考慮資金流動 正確分配預算，才能讓成功機會大大提升。

從財務角度，評估創業是否可行

小型創業真的可以0成本嗎？很多人想知道網路上許多推廣不用準備金的創業到底是不是真的？創業可以小資金但是不可能沒有成本，因為最少會需要創業未成功時的生活費。在外面接案開會，即便你不想喝咖啡也免不到會去咖啡廳買杯咖啡，如果需要移動也會有交通費、出差費，在剛啟動沒有收入的情況之下，還是需要一筆準備金，破釜沉舟雖然聽起來很過癮，但卻對有家庭的人來說很不負責任，創業者應該做的就是把安全網架好之後再來實現理想。

從管理營業額兩、三億的中小企業，到自己開連鎖餐飲，在誠品設櫃，更在海外找投資機會並與朋友合資創業。曾采穎經歷海內外創投的洗禮，最後選擇了一個最小的項目「精算媽咪的家計簿」當成主要的發展方向。小是有意的，因為采穎發現人生快樂不是靠追求別人眼中的成就堆積而成的，而是我心所向，知道自己要的生活是什麼，快樂是最重要的事。

「人本來就應該把自己的心先照顧好，擁有快樂的能力更是重要，不委屈自己，不勉強自己。先讓自己快樂的母親看似自私，其實最有智慧。」選擇一種讓自己與家人都舒適的方式，家才會充滿愛與溫暖。

生完孩子之後，原本公司的職務調整成內勤主管，因此整個生活變得比以往單純，不像以前可以到處認識新朋友。可是自己外向的個性，根本無法忍受每天做一樣的工作。朋友建議好像可以試試看用 Podcast 來分享自己的人生歷程與觀念，這就是「精算媽咪的家計簿」的起源，采穎開始分享與家庭財務有關的觀念與工具，更多是將幸福生活與人際關係結合的想法結合，她說：「收到聽眾的回饋，感覺自己是有社會貢獻的，所以也越來越投入其中，很開心！」

建立管理金錢的習慣，比擁有多少錢更重要

改善財務並不難，難的是心態，如同想要減肥，明明知道要控制飲食、多運動，卻總是失敗。有正確的理財觀念和簡單的作法，才能持續地執行。曾采穎想要提供的協助是觀念建立，讓每個人可以檢視過去及規畫未來，將理論套入自身的財務狀況，不要被錢綁住手腳。

「怎麼賺錢？如何理財？這些事其實跟腦袋好不好、學歷高不高完全無關。」網路平台有很多講授關於理財的內容，但是並不能直接套用，必須先盤點自己有多少資源，依照自身的需求和價值，選擇生活的方式和支出。循序漸進地增進財務知識，了解金錢管理的運作原理，你會比專家更了解什麼樣理財方式，更貼近你的生活型態與金錢觀。

時間是最寶貴的資源，永遠比金錢更有價值。時間成本是最容易被忽略的重要一環，采穎身邊有

著許多職業婦女，她們同時兼顧工作與孩子，有效率地使用時間，很多事情都只要很短的時間就能完成。有時間的人很多，卻不是每個有時間的人都能有大量的生產力，一天只有二十四小時，差別在於專注的時間有多少。

建立管理金錢的習慣，比擁有多少錢更重要，學習思考和安排自己的行動，創業者要面對的壓力比上班時多，過程中起起伏伏，有開心、有難過、有無奈，種種情緒常伴隨著不同的情況而出現。學習了許多身心療癒相關的課程與書籍，希望藉此排解這些情緒。

其中《情緒之書》這本書帶來很大的影響，讓她在面對情緒的時候可以自我探索並觀察自己處在什麼樣的狀態，然後適時的調整。每種情緒背後都代表著一個心理需求，負面情緒也有非常重要的價值，例如憤怒是因為恐懼而自我保護，找到與情緒好好相處的方式，才能知道如何面對自己、面對別人。先聽別人說了什麼，然後感覺自己想做什麼、實際上做了什麼；最後再經由反省，下一次做出調整。學習覺察、進一步試錯與修正，才能真正跨越問題。

和很多人一樣，建立管理金錢的習慣，比擁有多少錢更重要。采穎追求的只是一個平凡的生活，能與家人幸福地生活著也讓更多人一起幸福著。如果真的有了創業的大打算，一定要知道的是，0資本創業是不存在的，再怎麼小資創業都不能少的準備金，有以下幾種：

1. 生活費

是有家庭的人這項資金就是一筆讓家人安穩過生活的費用，全家不需要因為你的全心投入創業而戰戰兢兢，準備資金的金額就是你有自信成功的時間，例如半年內創業不成功就去上班，那麼你要準備的就是半年的資金跟半年找工作的預備金就是一年的費用。

2. 投資金

做網站，外包工作，會計費，甚至大型一點的設備投資都需要資金，這一個金額是可以再決定創業項目跟啟動規模的時候就計算出來的金額。

3. 週轉金

這筆資金很多人會不放在心上，但是這筆錢才是壓垮企業的最後一根稻草，有很多產品型的創業，需要研發經費，壓貨成本，通路成本，廠商帳款期又長，接單越多成本越高，但是廠商付款時間很慢，跟越大的廠商合作，通常貨期就有可能越長，大部分出貨後要45～90天才能收到貨款，這就是一個很大的挑戰。這時如果少了週轉金，訂單接越多公司倒越快。

到底要準備多少錢

這個問題是個大哉問，這跟啟動策略與市場及產品選擇很有關聯，如果是個人網路品牌不做產品，準備金大部分就是生活費，若是要研發某樣生技產品可能研發兩年才會上市，前兩年都在燒錢（研究室建置、人事費用、材料成本等……）

所以該準備多少錢這件事情應該由創業者自行透過所謂的創業計畫書 Business plan 來預測可能會需要的資金與週期，在這份 BP 裡面你的財務預估 Financial projection，裡面會有一些你對你想投入的行業的一些關鍵數字。

曾采穎鼓勵大家，先就自己的商業計畫書裡面啟動計畫做財務編列，把你所能想到需要的費用全部編列進去（銷售，生產，管理費及週轉金），啟動計畫寫出來之後，會得到一個清單以及一個數字，這個數字就是你前期投入的第一筆資金，之後把每個月固定花費抓出來乘六個月，就是需要準備的週轉金金額。

之後將三年計畫寫出來你會知道銷售渠道，得到毛利率跟現金流量等重要的預估，想像預估出來的跟實際可能差異會很大，但千萬不要且走且看，計劃的意義就是讓我們有意識有目標地去調整腳步，當成本墊高與當初設定的毛利率差太多的時候，我們就得回去找出管理上或是生產研發其他流程上是出了問題，如果且走且看就沒有基準，很容易不小心生意很好但是虧錢或是沒有把錢花在刀口上。

獨資好還是合夥好

這個問題就跟單身好還是結婚好是一樣的，需要思考的幾個問題：

1. 理念跟初衷是否相同，因為在經營過程中一定不是一帆風順的，萬一出現需要解決的問題是否有共同理念就至關重要。

2. 合夥股東是出資者也是老闆，那還需不需要領薪水，合夥人不一定就是一開始幾個創辦人，在企業經營的過程中可能會因為不同發展的需求而加入，角色扮演也會不同，出資的叫股東，做事的叫員工，為了避免權利義務不清楚，公司還是一開始就必須要把股東跟員工角色清楚分開，股東就是領公司盈利分紅，員工依職務和發薪水，股東可以是員工。甚至可以在股利發放之前先撥放一筆團隊分紅，讓做事的人獲得較高受益，避免合夥人定位不清或是貢獻度不同而產生不愉快。

創投資金適合我嗎

很多人以為創業不用錢很棒，所以一開始就想找投資機構的資金，但其實投資機構的賺錢模式各有不同。不同國家的投資文化也相當迥異，有些投資人鼓勵你獲利成長，資金回收期拉長到五年以上，他們願意投入資源跟人脈扶植你長大。有些投資人鼓勵數據成長，然後募資下一輪，好把股價炒高。他們就能把你公司股票變現，公司的營業數字如果跟合理股價脫鉤，本益比太高，項目在市場上又已經三年以上了，之後再募資困難度就會很高。

在募資上，應該階段性的發展募自己需要的金額，等階段性任務結束再進入下一輪。否則很容易不小心投資人資金過大，釋出過多流落在外的股權，若合作的投資人野心又比較大，在公司成功之際收購股權，公司就被賣掉或創辦人就被換掉了，而且完全合法。

大部分的人啟動需求應該就是天使投資，天使投資人是在公司草創時期就願意投入的，因為股權取得便宜而且投資金額也比較低，他們相信自己的眼光及風險管控能力通常不會干涉營運，比較沒有壓力。

至於創投，找創投的目的無非就是要放大事業可能性，透過資金，財務，人脈，技術，專業知識的投入提高公司整體營運能力，也會透過併購或是上市計劃來操作。

另外一種類似創投的資金叫私募基金，私募基金的獲利模式比較以高槓桿的操作股權為主，在公司被併購或是上市之後就獲利了結。所以他們目標可能是讓你的公司具有某部分價值之後被賣掉，有些甚至會指派財務跟高階經理人進入公司內做管控，朝向併購的角度發展，可能會涉及到公司經營權。

以上三種投資人曾采穎都遇過，最後一個私募基金還來了六個會計師跟律師，檢視公司所有體質之後，用他最有利的角度來分析解釋報表，不但要兩席董事，還指派財務長跟技術長到公司協助發展，一般急需資金又法律及會計知識又比較缺乏的情況之下，很容易不小心喪失經營權。

要取得投資人資金，需要投入的時間成本跟溝通成本，可能會影響到實際發展事業的投入時間，如果非必要，想要穩定發展實業，可以先從創業貸款與政府補助著手。

創業貸款如何選擇

創業貸款是創業者的選擇之一，如果你的創業項目在前期有購買資產的需要或是週轉金不足需要資金，這時候就有可能運用到創業貸款了，目前最划算的創業貸款類型還是青年創業貸款，但是最大的前提就是你必須有一間公司而且為營業未超過三年。

值得一提的是創業類型的貸款雖然是以公司名義貸款但其實也是需要個人擔保，實際上還是要看創業者跟大股東本身信用記錄跟金流紀錄或是擔保品，好處是可以將公司帳務跟個人帳務分開管理，也可以跟銀行培養良好的往來關係，將來公司需要更多週轉金的時候比較容易再次合作。

貸款最需要注意的就是每個月的現金流，畢竟開始貸款之後就要還款了，如果自身營運狀況還不穩定不如跟銀行開口要求寬限期，只還利息不用還本金，目的是爭取多一點的時間讓公司上軌道，而且有貸款的創業者一定要先做好資金配置，不要對於營收過度樂觀，以免不如預期的時候銀行的貸款壓力過大讓自己一身債務無法專注在經營上影響到正常營運資金的使用反而不利於發展，在創業初期借貸資金一定要衡量自己的經濟能力。

政府補助如何申請

政府為了鼓勵創業提供各項的補助措施，這個資金是不需要還款，也不需要拿股權去交換。但大前提是，你的產業需要符合政府目前所推動的政策方向，或是具有前瞻與獨創性。像是經濟部的 SBIR 方案，就希望你的項目創新研發並且能驗證獲利模組可行的。文化部的方法較多是希望能夠提供文化工作者就業機會，另外還有 SBTR 提供城鄉創生的計畫、SIIR 服務創新、新南向政策的貿易補助等等，種類非常多。

只要是朝著政府推動的方向走，研發、育成、創新、品牌等等，補助都可以申請。中央有中央的推動計畫，不同縣市也有不同的推動計畫，例如：新北在推產業觀光，桃園在推豆製品農產，高雄希望北漂青年回鄉之類的。因此可以在申請計畫前，先看好你公司的登記地有哪幾項計畫。

值得一提的是，大部分的計畫都需要有相對應的自籌款，有時候也會看實收資本額的規模去評估借款額度。每個專案的條件不太一樣，所謂自籌款就是你公司需要出50%，政府補助50%，共同完成一個項目，並且在當中有多個稽查點，完成了階段的 KPI 才階段撥款。

但坦白說不是每個人都適合申請，畢竟要符合政府想要推動的一些計畫目標有時候會跟自己公司的營運方向有衝突，所以在企劃申請書的時候，一定要確認這個方案是符合自己公司現在內部真正的需求，不要為了拿資金而去改變公司走向，否則公司的主軸就會因為提供資金的單位的需求跟想法不同而偏移。

曾采穎認為創業資金不是創業成功的保證，創業最關鍵的點還是要思考，自己到底提供了什麼價值給別人，然後經過自己的親身驗證，創業者初期自己下去動手做是必要的。有很多創業者拿到資金之後就開始大量請員工，自己坐在辦公室每天想很多叫員工執行，自己就無法透過執行過程當中PDCA（Plan-Do-Check-Act）。創業不是靠想像，當老闆初期不可能真的只出一張嘴，都需要一次一次改善之後才會有一個事業雛形出現，否則只是一堆看似可行的理論想法，自己不下去嘗試，失敗的機率就相當高。

蕭淑郁

裸廚房

懂得媽媽和寶寶的需要，對嬰幼兒副食品的用心，就像媽媽對孩子滿滿的愛一樣純粹而不修飾！就如同，裸這個字代表的意義，對孩子的用心毫不隱藏，結合營養師的專業，提供優質安心的食品，幫媽媽省下時間，創造高濃度的親子陪伴。

創立時間｜2018
產品｜嬰幼兒食品
主要客群｜生活及工作忙碌但又想為寶寶準備好食物的媽媽

創業前，問自己準備好了嗎？

景氣和工作環境不好，愈來愈多人想自己創業。自己當老闆，聽起來挺不錯的，但箇中的辛苦絕對比想像來得艱辛。尤其很多人從薪水階級變身成為老闆時，往往沒有做好心理調適，一碰到挫折，很快便打退堂鼓，因此想要創業的人，先行自我評量，看看自己到底是否具有相當的條件與成功率。

做好自己真正想做的事

創業是一件風險特別高的事，過程中更充滿挑戰，因此，必須要找到可以讓自己堅持下去的理由，才能讓自己在痛苦中不被擊倒。對蕭淑郁來說，食物就像魔法一樣的存在，瞬間會讓人像是置身於天堂般的幸福，就像是生活的調味料，為平淡日常增添豐富層次，於是從大學畢業後，進入食品相關產業之後，就再也離不開這個行業。

一晃眼，十年過去了，她覺得是時候為自己人生邁向下一個階段，於是提了辭呈，開始環遊世界。花了四個半月的時間，在不同國家間，當起了背包客，漫遊在南美洲與歐洲等的城鎮鄉間，親身實踐每個地區的生活方式。走著走著發現有些地方，或許資源並不如大城市般的豐富，像是秘魯或波利維亞等，但當地卻善於維護自己的文化特色，將優點放大，吸引世界各地絡繹不絕的人潮前往朝聖，無論路途有多遙遠。反之，想起自己土生土長的台灣，從踏入社會開始工作之後，只是努力做好工作幫助公司達成業績，卻從未真正地為生長的這塊土地做點什麼，因此她決定從熱愛的食物開始，把台灣的美好食材帶給更多人知道。

正當還在摸索自己的下一步時，突然傳來父親生病的消息，原本父親只是因身體不舒服到醫院檢查，沒想到當檢查結果出來的時候，已經是癌末。在所剩無幾的日子裡，她和弟弟妹妹規劃著帶父母一起出國，想讓一家人留下屬於彼此的珍貴回憶。

在當她整理父親的行李時，發現最麻煩的部分，就是食物的準備。以往在家時，都是由母親負責料理爸爸的飲食，但外出旅行當然不方便繼續煮食，也不好攜帶冷凍食物冰磚。加上爸爸吃的食品也必須非常小心，完全不能有人工添加物，原本想著可以購買寶寶的副食品料理包一起帶出國。但找遍了市面上的產品，多半都是不適合帶出國的冷凍包裝，或是鈉含量偏高，還有許多不透明的檢驗報告，這些都讓人無法安心地購買，所以她開始反思，是不是可以自己研發出來一款食品，讓父親安心食用，還能隨時帶著走。

想像與現實的距離

創業中最需要被調整的，是自己的心態。從二〇一八年成立公司到上市第一個產品，從產品規劃、配方研發、包裝設計、打樣送檢……歷時十四個月，等待的過程其實很煎熬。對淑郁而言，她一直認為「一個創業人，最重要的是執行度，規劃好上市計畫的每個細節，然後按表操課，這樣至少就成功了一半。」可是一直到自己真的跳進去，才知道什麼是現實，才看見自己有多渺小。

蕭淑郁回憶起以前在大公司工作，手裡掌握滿滿的人脈資源以及預算，每次面對供應商時，只要把名片一遞或是輕輕地說出自己的公司名，每個供應商無不戰戰兢兢，無論是提出再特別的需求，廠商總會努力想辦法達成。

但從開始創業的那一刻，她的人生便歸零，「裸食主義有限公司」背後代表的，是一個剛起步的菜鳥，正努力讓自己擠進這個食品競爭世界的窄門，沒人知道你是否能順利存活，因此，在廠商心中的順序從First Priority（第一優先），被降級到了Last Priority（最後順序），更何況她想尋找的合作對象又是跟以前在大公司時一樣等級的優質廠商。

當妳沒有優勢，也沒有大把預算時，妳就只能耐心等待對方，畢竟這就是現實。蕭淑郁說，創業以來，她不停強迫自己重新調整心態，唯有讓自己從零出發，才能得到更多！

以勇於嘗試的精神開拓活路

放下外商公司十年的工作經驗，從0開始創辦裸廚房，雖然公司目前不到三歲，但回首過去的三年，卻也是讓公司歷經了一場生死，希望藉此機會跟大家分享一些想法。

“選擇做自己最了解的事”

過去十年的食品外商背景，幫助蕭淑郁累積實戰經驗的關鍵，從食品法規、標示、食品研發過程、包裝設計、行銷工作、工廠洽談都有十分豐富的經驗，大幅縮短了創業初期摸索的過程，畢竟對創業者來說，時間就是最重要的資源，你對要做的事情能夠掌握多少，就能幫助你少走多少冤枉路。

“人脈的累積從生活開始”

即便對投入的產業並不陌生，但在準備裸廚房創業的初期，包括尋找工廠、設立公司登記、尋找合作會計公司等，卻都是蕭淑郁從未經歷過的，這些看似不難的事務，卻都需要前輩的介紹以及協助才能完成。對創業者來說，人脈絕對是創業初期最不可或缺的資源，正所謂出外靠朋友，群體作戰總比一個人獨自作戰更容易事半功倍，因此建議大家人脈的養成，必須從平常的工作做起，做事固然重要，但平時做人的口碑也是很重要的。

”越在低谷，越要冷靜思考“

在產品上市的第一年，公司就遇到了新冠疫情的威脅，雖然電商產業在疫情期間一支獨秀開出紅盤，但對蕭淑郁來說，卻是第一個死亡低谷，疫情期間媽媽們不敢帶寶寶出門，選擇在家自製副食品或是購買價錢相對優惠的冷凍冰磚，幾乎沒有人要買相對高價而且又是新品牌的常溫副食品，因此在二〇二〇年的四月時，裸廚房每天的訂單迎來新低點，從一天數單變成好幾天才有一單，蕭淑郁手上的現金一度只剩下二十萬元，憶起當時她說，「我每晚都在莫大的壓力和夢魘中度過，想著快要燒完的現金流，面臨極大的事業危機。」

後來，蕭淑郁試著冷靜下來將自己抽離創業者的身份，回到之前擔任專業經理人的身份，快速整理了面臨的困境：

1. 新冠疫情媽媽不帶寶寶出門，在家自己做減少花費
2. 新品牌知名度低
3. 價位對比市場同類商品偏高
4. 對於電商產業不夠熟悉

以當時的困境來看，除了第一點並非人為可以解決的因素，另外三點都是蕭淑郁自己就可以改善的地方，於是她利用剩下的現金找了專家協助電商策略重整，自己則開始在粉專上跟大家分享自己的理念和初衷，裸廚房的品牌堅持等等，終於，裸廚房的業績幸運地度過了第一年的風暴，才能迎來第二年的營收成長。

”莫忘初衷，堅持做對的事“

以台灣食品法規來說，每個食品要上市之前，都需要通過食品檢驗，依照食品衛生管理法可以發現，目前的食品只有分成三種類別：一般食品，嬰幼兒食品以及特定病患食用的「特殊營養品」，但無論是哪種類別，廠商自主性的把關還是影響品質的關鍵。

以嬰幼兒食品為例，需要檢驗的項目其實比成人食品多了好幾項，包含：農藥、重金屬、微生物、大腸桿菌、真菌毒素等，在上市的時候依照通路的要求提供檢驗報告，或是仰賴廠商自主性檢驗。在產品上市之前，蕭淑郁發現市面上並非所有的商品都有完整的成品檢驗報告，但對於消費者來說，大家會認為一般嬰兒食品，應該比大人吃的用更高的安全標準去檢視。

因此當初除了和營養師討論選用高品質的食材製作產品外，在成品檢驗項目上，裸廚房更花了不少預算。蕭淑郁說明：「不光只是一般食品要驗的項目，從農藥、重金屬、真菌毒素、防腐劑都依照嬰兒食品檢驗標準驗過一遍，而且是用生產出來的成品直接送驗，通過後才上市，證明消費者買回去的產品，就跟我們送驗的商品一樣安全。」

當然一路上她也受到很多質疑，長輩們問她：「為什麼賣這個價位的產品？妳做這些努力大家也看不到，說了人家也不懂，大家只在意價格。」

就像一開始提到的，創業的初衷是想做給家人吃。因此蕭淑郁希望出來的產品是自己真正喜歡的，自己喜歡才能夠真心的推薦給別人，也許這樣又會被長輩念很不會做生意，但是蕭淑郁仍然堅持和大家分享自己熱愛的事物。

除了食品安全以外，蕭淑郁考量每個不同階段的寶寶，需要不同的蛋白質跟熱量，因此跟營養師合作推出九個月以上適合的大寶寶粥和六個月以上適合的小寶寶粥兩種產品，這也是裸廚房堅持用高品質食材來製作的原因，把細節做好，才有資格說：我真的盡力了。

這些堅持在一開始雖然很不容易，但只要繼續下去，便會有越來越多了解你的人，也會成為企業最重要的核心精神，所以堅持你認為對的事吧！

創業必問的檢視題

雖然創業看似自由不需要被公司及老闆綁住，但你真的做好準備了嗎？

1. 你對於想投入的市場夠了解嗎？

如同前面所述，希望大家能夠回頭檢視自己的創業項目，你知道這個市場有多大規模嗎？前三大品牌是誰？你的主要競爭對手是誰？他們的商品主要訴求為何？更重要的，你對自己設定的消費者夠瞭解嗎？

有很多創業者常忽略消費者的想法，一味覺得自己的商品比別人好看，比別人功能性強大很多，就應該可以賣得很好，最後推出了一個不被市場需要的商品。舉例來說：A廠商推出了一個添加綜合維生素的餅乾，結果這包餅乾的售價比市場均價高很多，味道也相對較不好吃。一般來說消費者吃餅乾的時候，更多情況可能是下午肚子餓需要解饞，或是壓力大需要紓壓，所以才選擇好吃的餅乾，這時候，補充營養並非消費者對於餅乾的主要訴求，因此即使這包餅乾再營養，也不一定能夠銷售的好。

2. 資金的準備能夠幫助你度過多少時間？

就像裸廚房前面遇到的狀況，現金流對於一個公司來說是活下去的命脈，倘若今天你的收入來源消失了，你的現金流能夠幫助你支撐多久？一般來說，建議至少是一年以上會比較健康。

3. 你的商業模式中，核心價值是什麼？

和競品相比，你在哪些地方比他們傑出呢？這幾個點是消費者需要的嗎？

舉例來說：如果要溝通的是安心，那就必須好好想想你的品牌有比別人安全嗎？怎麼讓消費者覺得你很安全？從0到100分的安心感中你做到幾分？只有做到及格是不夠的，要讓受眾覺得有感，就必須做到80甚至是90分以上才行。

4. 你有適當的人脈資源嗎？

在創業的過程中，你不可缺少的關鍵資源是什麼？你如何找的到這些關鍵資源？例如：銀行可以提供融資，如何找到適當的通路上架？這些都是在創業前必須想清楚的。

5.你打算給自己多少時間？

創業一開始很常面臨0收入的狀態，你的家人甚至你自己可以接受自己不領薪水多久的時間？畢竟生活過好還是很重要的。

這些問題都是創業必須檢視的重要題目，也是未來上戰場時會面對的挑戰，大概就能看出你目前到底「適不適合創業」或「成功的機會有多大」。

張雅嵐

HOWTRUE 好厝

建立有溫度的投資理財社群，透過跨領域顧問分享專業知識，讓你可以安心的依照自己的需求，找到最適合的解決方案，不再因人情壓力下倉促做決定，被推銷自己不需要的東西。

創立時間｜2016
產品｜提供專業顧問諮詢、分享投資理財相關知識和分析優質投資工具。協助投資人避開投資風險，學習安全有效的累積財富。
主要客群｜25~55 對投資理財有興趣的上班族，想了解金融工具、不動產投資知識，並協助投資人建立正確的財務思維和做好整體的財務規劃。

拆解失敗問題點，尋找解方的可能性

順境也好，逆境也好，創業就是一場對種種困難無盡無休的鬥爭。開創事業，面對壓力、失利與不順遂，在所難免。如何不被情緒吞噬，找出一線生機，進而化危機為轉機，找到成功的契機？你需要培養的挫折容受力，可以從失敗經驗裡找到線索。

不斷追尋與摸索，找到最佳定位

對多數人來說，每天花八到十個小時工作追著錢跑，但常常覺得自己的努力無法累積，工作累積的存款，反而隨著時間越來越沒有價值，才開始認知到該開始理財投資，但面對各式金融工具，卻沒有足夠的知識和能力可以判斷是否適合自己。

「HOWTRUE 好厝」希望透過知識、資訊、數據的共享，讓每一個人學會依照自己的需求找到適合自己的解決方案，能夠安全有效的累積財富。

但對 HOWTRUE 好厝創辦人張雅嵐來說，開啟這樣的事業卻是在幾番摸索後才決定要長期投入的事。一開始，在大學時念的是生物資訊，也曾計畫跟許多人一樣，打算唸研究所吧。卻再多次思考中，發現所就讀的領域未來職業發展非常狹隘受限，幾經掙扎後選擇自行關上原來的門「我不知道自己想要什麼，但至少知道不要的有哪些。」

本來計畫到去各個產業了解，卻因緣際會被挖角開始第一次的創業。她坦言，當時還很年輕，所以很容易被說服，也覺得設備租賃業是很基本的商業模式，執行後才開始被迫面對許多極大的挑戰和壓力。

期間，面對業務銷售的挫敗感、培養的技術人員跳槽、市場的削價競爭導致利潤降低、公司合夥人的離去和成本的提高以及資金周轉等等，但張雅嵐總是抱持著「如果這些基本挑戰，如果都無法面對處理，那自己還能夠在職場上發揮些什麼」，這樣的信念打破九成五公司第一年就會關閉數字，讓她第一間的公司就營運了八年，服務了超過兩百間以上的企業。

也因為第一份工作就開始創業，導致雅嵐已經習慣將個人的興趣或喜好，放在後面的順位，生活中也習慣性地思考「怎麼做才能符合市場需求，怎麼做可以更好，如何給出更好的服務」，從事設備租賃服務期間，對市場的實驗從來沒有停過，她說面對競爭者無止境的「削價競爭」，更重要的是未來變化勢必會面臨夕陽產業的窘境，也希望下一個商業模式可以結合自己有熱情的領域。

「我以為自已能力夠了，可以跳高了，卻沒想到在實驗的過程中，讓自己開始背負巨大的負債」。她笑說，也曾跟風投入的電商、醫院的住院服務系統開發，幾乎什麼都試過了，讓她不得不戳破自己的泡泡從頭來過。

面對現金流的不足導致的財務壓力，迫使她不得不正視自己財務的缺口，「我開始調整自己的心態，重新蹲下來讓自己歸零，從這些失敗中檢討學習，並調整自己的觀念一點一滴的解決自己的負債」。在創業過程中發現，相較於電商一次性廣告行銷快速的銷售這類型商業模式，她更喜歡與客戶建立關係，建立起長期的服務模式，因為種種原因，加上接觸到不動產投資，促使「好厝」的誕生。

用正確的方式，善用每一筆小錢

創業一路走來，她看到不論是個人、團體或企業，沒有好的財務觀念以及可執行的財務計畫，往往會低估自己每一個決定為未來的影響，或過於樂觀的預估未來而沒有看到可預期的風險，當沒有正確的觀念跟好的規劃，一但面對財務的缺口壓力，很容易讓人開始慌張無法理性判斷思考。

每個人每天都會使用到錢，但無論就學時期或家庭教育，並沒有機會建立正確的財務觀念，不知道如何開始做短、中、長期的財務計畫，導致需要大筆支出，或是面對屆臨退休的年紀，才發現自己根本準備不夠，只好急急忙忙的，用各種極高風險、不合理的方式進行所謂的「投資」，希望可以短時間將自己的財產放大，或期待投入一個工具就能解決自己所有的財務的問題。

張雅嵐希望藉由好厝結合各領域的專業顧問，透過知識、資訊、數據的共享，讓大家面對財務問題，避免因為觀念不足錯估風險，面對龐大的資訊有能力分辨真假，才不會陷入財務的窘境，變成別人眼中的待宰肥羊。

秉持著這樣的理念服務每一位用戶，而每位會員都帶著不同的故事來到好厝，對於投資理財的認識和規畫也各有不同。不過，從大家的身上，看到眾人不變的心願，都是想要掌握自身財務，過上更好的生活，而她也感到很高興，可以在他人需要上有所助益。

現行的金融產業中往往以銷售為導向，但好厝堅持給正確的資訊和知識為主，或許這樣的理念並不是個好的銷售模式，也因此要能找到認同此理念的顧問加入，也是相當具挑戰性的任務。不過張雅嵐卻在此展現了她獨特的堅持，「剛開始創業時，總思考自己能賺多少，但經過多年後，我認為事業的根本反而是建立人們長期需要的服務。並且帶著一個誠摯的心，不斷的去傳遞自身理念和想法才是未來企業的競爭力」。對的事情就該認真不斷做下去，時間總是會證明，這樣的理想是可行也很有價值的。

也許是因為張雅嵐也曾經經歷低谷，因此她更希望在服務過程中讓對方感受到溫暖，並且無論對方財務狀況如何，她都希望以同樣的態度去看待和重視每一個人的需要，「只要願意開始學習投資理財，無論現在資產規模多少，都是好厝看重的服務對象。」

成功經驗也許無法複製，失敗原因卻都大同小異

透過張雅嵐自身經歷，分析不同時期自己的創業心態。第一次創業是從企業設備租賃事業到現在創辦好厝平台，中間還嘗試非常多事業的點子，包含住院服務系統和電商網路及實體店面，也曾經因為判斷錯誤負債百萬。透過張雅嵐擁有豐富的開創經驗，從各個層面分析當初失敗的原因，以及哪些是創業前該注意的事情。

成功經驗也許不能完全複製，但張雅嵐希望大家可以從她的個人失敗經驗中學習，讓大家未來創業時能夠更多的思考，避開不必要的風險！因此她面對每一個時期當下對商業模判斷和檢視內外部挑戰，最後再針對失敗的原因做自我分析作為小總結。並且也針對想準備創業的人，給予一些建議和自我學習檢視方法，作為本章節的總結。

“看不見的危機(1)：缺乏整體思維”

張雅嵐第一次創業是做設備租賃（B2B），商業模式主要就是降低企業印刷成本提高企業營運的便利性，提供機器、耗材、設備修繕等後續服務。

◊ 商業模式評估

一開始經營的時候，因為採購設備以及耗材有相當的成本優勢，當時印刷彩色成本很高，所以一開始透過彩色吃到飽的方案做為吸引點，成功打進許多企業和產業，其中包含大型的旅行社、藥廠、保險公司、連鎖通路等…，一開始因成本優勢，透過租金加上押金的運作即可打平前期機器設備成本及耗材費用，且租賃服務大部分都是簽訂長期契約，可以創造穩定現金流，因此不太需要太大的前期投入資本。

◊ 內、外部面對的挑戰

回憶當時剛大學畢業，剛開始摸索商業，因此雖然有足夠的衝勁，但由於經驗不足加上公司規模小，很快就面臨到新進人員流動率高，且商業模式易複製性，培養的技術人員容易離開並複製模式成為競爭者。

除了後期遇到市場競爭者加入並開始削價競爭，由於核心業務需完全依賴原廠設備，因此當設備開始因為供需問題成本開始變高，且原廠常無預警改版調整，後期維修零件變多，且設備耐用度下降，導致整體維修成本變高。除了市場競爭者加入導致削價競爭，租賃設備利潤降低，加上後續維護成本持續變高，導致整體利潤大幅下降。除了內憂外，張雅嵐也觀察到因為智慧型手機普及，許多通訊軟體開始萌芽，未來印刷需求也是很大的挑戰。

◊ 失敗經驗分析總結

雅嵐分析道，第一次創業很容易用手邊擁有的資源或既有經驗開始，也因為這樣往往只能提供單一服務或產品作為事業的起點，缺乏整體商業模式思維，所以當市場快速變化，或消費者反應不如預期時，找到自己在市場上競爭優勢或針對市場變化快速調整經營策略，所以最後只能以價格作為唯一競爭優勢。

就算是一開始有看到的商機，但如果選擇的商品或服務也是其他競爭者容易取得的管道，則會開始面臨同類型產品服務競爭者變多，當企業獨特性降低沒有一定的差異化。除了導致無法維持一定的利潤之外，也無法建立企業用戶的忠誠度。尤其企業核心業務的核心技術不是掌握在自己的手中，容易因為供應商成本變高或是無法快速因應市場需求變化配合做調整，導致只能被動面對競爭者的威脅影響自己的經營模式，很難建立自己的中長期營運策略和企業護城河。

“看不見的危機(2)：營運資金斷鏈”

當時因為設備租賃的困境，在企業設備租賃期間面對挑戰時，張雅嵐開始覺得要另外發展、開發其他核心業務，讓自己企業有足夠的競爭優勢，因此在智慧型手機及平板電腦不普及的情況下，開啟了第二個計畫項目 iCare service，主要是針對住院病患提供住院影音娛樂、衛教資訊提供、住院期間需要的代購等整合性系統開發和服務（B2B2C）。在一年的市場評估與規劃後，這個服務開始進駐到第一間醫院。

◊ 商業模式評估

當時這個概念是非常有趣且吸引人的，除了市場調查的結果消費者也對這樣服務表達高度興趣，有詢問有經營企業的前輩意見，對方也曾表達若開始執行有投資意願，也因此當時除了將過去所賺的資本投入外也貸款投入相關開發，並信心滿滿將此服務 prototype 測試性的投入在新店某間醫院，張雅嵐也提到在測試服務期間，設備常常被租完之外也開始累積長期包租用戶，並還發現許多新的商機和潛在市場。

◊內、外部面對的挑戰

由於一開始都是使用自有資金和創業貸款做前置開發和投資，但此商業模式整體資金需求是相當高的，由於當時對於股權募資流程不熟悉，也沒有先在前期就規劃好後續資金運作，所以很快遇到資金不足無法持續開發、營運資金斷鏈的問題。

除此之外，進入到市場後才發現資本雄厚的電信業者，其實也開始有類似概念在研發，除了可以預見未來主要的競爭者為大型財團，加上醫院是相當封閉市場，由於此服務並非醫院的剛需，若沒有相當的人脈資源是很難打進醫院通路的。至於當時規劃代購的服務，因為既有服務廠商長期把持醫院通路，甚至在醫院設有實體店面包下整個服務街商家管理，因此對於可能會影響他們利潤的外部服務，排斥力非常高。

除此之外，在進駐醫院服務的過程中，可以觀察到智慧裝置是以非常快速的方式越來越普及，這也讓張雅嵐思考原本的商業模式以及自有的資源（包含團隊、資金、經驗）、是否能夠長期運作以及達到足夠的營運規模。在幾經思考後，不得不宣告失敗放棄。

◇ 失敗經驗總結

雅嵐誠實地說，有些失敗總結是在經營好厝後更成熟後，回過頭才發現自己當時的盲區。一開始總是覺得自己的點子很好，不認為是自己的策略有問題，只是因為自己資金不夠才導致失敗，但實際上經營企業，階段性資源預估和取得以及運用，也是一個創業者一開始就要納入規劃經營之一。

在新創圈中有許多新的商業模式很吸引人，常常聽到某些成功案例獲得大部分的市場利潤，成為獨角獸公司。因此誤以為只要有好的 idea 事業就能夠成功，因此緊抓著自己的 idea 而沒有看清楚整體局勢。

回歸商業本質，檢視自己的點子需要滿足的對象有哪些人，尤其 B2B2C 除了滿足最終端消費者的需求（更便利、更快），對於中間經過的通路也會是需要滿足的對象。再來如果所設定的商業模式需要大量資金提供才有辦法運作，那就要思考自己的初始資金，是否足夠讓驗證市場外，也要能夠拿市場數據來吸引投資人滿足他們的期待，所以一個好的點子要能夠成功，是除了執行能力之外，就要連同後續股權架構、資金募資來源、相關人脈拓展等，都是創辦團隊一開始就要開始籌備規劃。

”看不見的危機(3)：利潤空間不足，導致行銷空間受限“

張雅嵐在 iCareService 的創業題目失敗後，除了面臨過去累積歸零外，也背上高額創業貸款，由於原本企業設備租賃面對市場考驗導致利潤持續降低窘境，張雅嵐沒有太多餘裕可以停留，不斷的找其他商業機會。

因為當時使用 iCareService 產品開發間接認識 apple 蘋果週邊代理商，言詞中可以感受到雅嵐很感謝當時那位代理商，「大哥可能看我做事很認真，就問我是否有意願投入，他願意提供必要資源讓我嘗試電商」。雖然後來沒有繼續經營，但是一直到現在她都很感謝那位大哥當時的提攜與幫助，「他讓我度過當時的難關，也讓我面對事業經營更成熟」。

◊ 商業模式評估

當時 Apple 剛進台灣市場熱賣，同時連動帶動周邊熱銷，對方不但大量讓利之外，在沒有任何契約約束下，張雅嵐不但可以按照自己的想法發展自己的通路品牌且不需要囤貨，大部分資源由那位合作的代理商提供，包含實體店面的展示品及分點的庫存。

在網路行銷上，也不吝嗇在他們既有的各個宣傳管道上，提高我們實體店面的曝光度，並把他們一些客戶引導到我們的實體通路，再加上所代理的週邊都是知名品牌，除了各個品牌自己會宣傳外並且也對於通路價格嚴格控管，避免淪落到價格戰。同時因為可以提供已經設計好的文宣跟圖片使用，所以對於一開始踏入電商的 張雅嵐起步非常快。

◊內、外部面對的挑戰

儘管起步順利，但逐漸熟悉電商流程後想要提升營業額，張雅嵐卻面臨因為不是直接代理品牌，利潤空間不足導致行銷空間受限。另外，3C 周邊商品屬於季節性快銷品，但因為當時運作屬於被動跟著代理商銷貨，導致在行銷上無法提前預備，只能等確認產品到貨後，才開始想銷售策略，行銷上無法佔有前期優勢。

雖然因代理品牌有嚴格控管各大通路價格，但張雅嵐一樣面對到很難跟有資源的通路競爭，觀察到顧客忠誠度建立在商品的品牌，而非通路服務品質。且大型通路更能多元的滿足客戶消費的喜好吸引人流，外加上當時沒有自媒體和社群網路經營概念，除了營業額遲遲無法有效提升外，也無法找到自己經營通路的長期競爭優勢。但張雅嵐也提到自己缺乏經營電商的熱情也是很大的原因，因此在經營第三年後決定結束合作。

◊失敗經驗總結

前幾次的經驗，讓張雅嵐開始認知到不同商業模式運作差異，也開始具備對商業模式的敏感度。除此之外也在過程中大量累積公司經營的經驗，也開始對自己的強項和在市場的定位有比較清楚的自我的認識。「我開始認識自己，發現自己思考模式對快銷品和流行性商品比較沒辦法運作，比較喜歡解決客戶的需求，並提供長期有價值的服務。因此開始不是在找產品服務，並開始觀察各種服務和商業模式之間的關係，找到合適的市場切入點」

也因為這樣的認知，張雅嵐開始不再汲汲營營的抓取所謂的機會，而是花了很多時間觀察市場，找到需求並開始思考不同商業模式的運作，並仔細評估所需要投入的資源是否是自己可承擔。

在建構的同時就開始找可能會有興趣的夥伴聊，並思考每一個環節所需要的合作伙伴跟資源開始提早佈局。合作上也不急躁，張雅嵐說現在每次在思考合作時，不再以短線獲利為主，而是會以中長期合作價值以及運作模式的成本，才會投入後續的資源以及執行策略。

沒有人可以一帆風順

張雅嵐也針對想準備創業的人，給予一些建議和自我學習檢視方法，希望這些自我盤點可以讓大家創業前，可以思考多一點那成功率就會提高一點。

創業中，多少會經歷小小成功和成就的喜悅，但更多的時候都是在面對內部的混亂與資源不足，以及外部市場的快速變化與競爭者的威脅。張雅嵐說每一次經歷學習和心態變化，都是在經歷低谷並開始突破後，才是真正的學習和體悟，因此針對想踏入創業這個航道的創業者，給予一些建議和自我學習檢視方法。

幫助自我評估的建議

◊面對市場

□為何顧客需要你？

□如何讓你的顧客認識你？

□如何讓你的顧客長期消費回購？

◊面對競爭市場

□你的產業需要建立哪些競爭門檻？

□這些競爭門檻需要哪些資源？

□上面的資源哪些是你的弱項？

□建立這些競爭門檻那些是必要資源？這些必要資源是否是你的強項？

□你的服務和產品，競爭者是否容易取得？

□如果你的策略失敗，是否還有足夠的資源可以讓你嘗試其他策略？

◊投入資金

□如何用最小成本預算，驗證自己的想法？

□如果達到同樣的服務目的，有沒有更低成本的方式運作進入市場？

□如果投入這樣的資金，還可以結合什麼創造更多價值或收入？

□如果更有能力的競爭者也投入同樣市場，對你的影響如何？該如何因應

□你的核心技術或經營模式，會被哪些變速影響你的競爭力？

對於選擇的產業，若需要大量人力資源或需要集中高度創意、專業能力高的人力資源，在運作上除了商業模式要思考外，更要思考如何留住人以及培訓人。所以某個程度來說，你的服務對象除了市場上購買服務的人，員工也等於是你的服務對象，除了薪資外，也要認識並滿足他們的職場上的需要，才能提高員工對企業的忠誠度和留人率，以及如何將這些概念轉變成適合自己企業的績效管理，也會經營企業中不可或缺的一塊。

若是以雙邊平台為主要服務模式，除了上面的問題要思考，在準備創業投入資源前，還要針對自己設計的商業模式，其價值是否是為滿足兩邊的剛需，且平台提供的服務是不是容易被跳過替代的，所設定的收費機制是否能夠滿足平台運作和對於雙邊服務的對象有足夠的吸引力。

許多想創業的人，常常誤把別人成功的果實變成自己想創業的主因，覺得只要複製所謂成功模式就能輕鬆賺錢，因此花大筆的資金以加盟模式開始創業，最終沒有預備好正確的心態而導致失敗，希望上面分享可以讓每一個想創業的人可以更認識創業的歷程，也再投入資源創業前，能有更健康的認識和心態準備。

Chapter

03

面對挑戰，搞懂比努力更重要的真能力

每個人都不一樣，不是一定要怎麼做，才能成功，每個人有屬於自己的方式和成功定義。創業的經驗未必能複製，但是希望透過不同的經驗和心得，鼓勵更多女性勇敢跨出第一步。

陳欣舷

芊茂拉鏈股份有限公司

芊茂拉鏈在國內外擁有數十項專利，並獲得美國 Buyer 等高中檔次的授權指定生產，拉鏈工程含蓋：塑料射出、壓鑄、沖床、模具、編織、染色、電鍍等等，客戶涵蓋國內外知名品牌，進行全球化、專利普及化的代工站之管理，是成衣製造行業內可信賴之專業品牌夥伴。

創立時間｜1989
產品｜各類拉鏈訂製、塑膠製品
主要客群｜服飾、生活用品等有拉鍊需求之製造商

協調力／

掌握溝通核心，人人都成助力

無論處於何種領域、行業，都有與人合作的需求，作為一個創業者，左傳右達的協調溝通能力，是最需要具備的基本功底。因應不同工作場景，客觀的檢視問題，不帶偏見地接納各種意見，綜合眾人的感受，找出策略方向，並協助合理地安排團隊分工與職責。

舊與新的融合

結婚前，她在時尚美妝業從事會員經營行銷，這是一份需要貼近人心的工作，了解每位會員的需求喜好習性，還要想每天吸眼球的文章，來應對大陸數十萬的會員客戶。會員行銷要負責當個小叮噹百寶袋，讓所有會員都有話題可以跟你聊。在當時，最重要的任務就是得要持續抓住消費者眼球，她說：「總得要先讓大家注意到產品，才有可能會繼續買單、繼續成為我們的支持者。」

行銷企劃的工作雖然很忙，但這樣的過程反倒讓她有了很好的練習機會，一來是知道如何掌握產業脈動，二來則是建立了優異的選品眼光和行銷策略。雖然在原有的領域中過得堪稱順心如意，也很得上司的看重，但在婚後，欣舷毅然選擇回台灣協助丈夫接下已創立三十二年的拉鍊公司，「這就是愛呀。」她笑著表示。

台灣在70、80年代曾經是全球拉鏈王國，當時欣舷的公公正好搭上了這波熱潮，雖然一開始的資源不多，卻還是帶著一批員工白手起家，在當時同質性商家彼此高度競爭的年代中，成功闖下一片江山。世局總是反覆，隨著台灣製造業外移，輝煌一時的拉鍊產業也開始沒落。

「更貼切的現況是生產線外移到人力成本更便宜的其他國家去了。」隨著台灣本地的拉鍊工廠一一吹熄燈號，深知公公在忙碌了大半輩子後，開始想要享受清閒的日子，然而，就著麼輕易地放棄多年努力成果又讓欣舷覺得不捨，她很快做出決定，「有點像水到渠成的感覺，就回來接這份事業吧！」心裡打定主意後，很快把之前的工作交接，回到芊茂經營。

雖是回家與先生一起輔佐公公經營芊茂拉練，然而，帶著女性特有的細膩與柔軟，欣舷將自己放在整合、溝通與外展的角色，負責業務部門，先生擔任總經理、她則是總經理特助，兩人互補的性格順利上軌，欣舷說：「爸爸當然還是最後的決策者，但我們都還很年輕，還有四處衝、到處跑的熱情與本錢，這時就可以去更多的開發與認識市場，把蒐集到的資訊彙整，只要公司能一直有好的發展方向和決定，就算產業已經過了最高峰的時候，還是有機會成為閃亮的發光體，不會輕易地就被市場淘汰和遺忘。」

事通人和，掌舵後重新啟航

帶著細膩卻條理分明的心思出發，欣舷看到了好決策的重要性，也看到要為公司打造一個能夠留任人才的環境，同樣得盡快開始。一開始她先把芊茂已有的經營成果、累積下來的資源與人脈做了一次盤點。接著，再從自身的經驗出發，「既然，缺乏明確流程會造成工作交接的不便，那麼我就來試著訂定一套合用的 SOP。」

此外，接任後，另一個令人難忘的挑戰，則是既有業務部門的同仁悉數離職，欣舷說；「因為我的個性就是喜歡一直往前衝、一直對外發展，藉著這樣的機會，剛好可以重新召募我心中理想的業務團隊，反而更有機會重新整合，讓一切變得更好。」

從經營的角度來看，讓「1+1=2」是必然要盡力達成的基本目標，然而，若是想要得到競爭優勢，則得讓「1+1=2.5」、是甚或可以達到「1+1=3」的成效。讓已有的優勢與資源統整，進一步有效運用、發揮加成效果，這正是芊茂拉鏈希望達成的目標。

重整後，她回過頭詢問業務部門的成員，「我們的優點和特色是什麼呢？」他們認為，目前每個人都被放在適合的位置上，各自也對於負責的客戶和產品的屬性和需求非常熟悉，這不僅能依照顧客需求來銷售公司產品，也因著足夠了解不同品項的定位與特性，如果有甚麼疑難雜症或抱怨，也難盡快以有效率的方式協助排除。

欣舷並不會呈現出上司與下屬間刻板且拘謹的互動，閒聊時甚至有幾分像是朋友間哈拉般的輕鬆。對於這樣的交流方式，欣舷則認為，公司營運時對於績效、流程等事項制定標準是必須的，但畢竟管理時面對的是人，「有時候讓自己多一分彈性，就能在公司不同部門間，對於溝通和訊息傳達有更好的成效。」用了些時間仔細觀察後，欣舷發覺每個部門都有一套獨特的表達方式和期待，也許外人看來好像太直接或太霸道，可是只要能了解背後想要傳達的意思，一切就會容易許多。

例如業務當然會比較從客戶的角度出發，來和實際在工廠第一線的人員溝通。不過，實際負責生產的人員每天都面臨備料、製造、產出的壓力，有時也讓他們難以有時間和心思來完整聆聽客戶需求。兩者間略有不同出發點，很容易就變成部門間吵架的原因，這時管理階層就變成調和的橋樑，從中斡旋出讓公司能穩定運作的方法。

細膩的心思不只促成公司內部的有效溝通，細膩中再加上一些用委婉態度提出的訴求，也讓芊茂拉鍊打破過去傳統產業總是陷入同業競爭的泥淖，因而會要對於客戶需求百依百順，就算不太合理的需求也得照單全收的困境。

同樣是在接任初期發生的實例，當時在盤點業務的階段，公司驚覺有一筆未完成訂單竟然完全沒被交接，「發現這筆訂單的時候，交期已經非常非常的靠近了，卻完全沒有動工生產！」而在此一遺漏的訂單中，客戶需要的拉鍊規格與顏色繁多，從客觀的角度來看，絲毫沒有如期交貨的可能；但以經營的角度來看，也無法接受就此直接選

擇違約、付出高額的賠償金。

為了解決難題，欣舷除了多方詢問、調度貨品，同時也適當運用「向上管理」的技巧與客戶重新溝通。她笑著回顧，「我之後才知道，原來在這個產業的行規裡，從來沒有例子是工廠反過來找客戶談條件的！幸好，就算當時的情況再怎麼為難，至少還有顧到和氣生財這件事。」也因著這次的經驗，更讓欣舷相信，要解決問題，不只要提出解決方案，還要維持關係。「在這一次的危機中我們從各方面努力，終於找齊客戶想要的拉鍊款式與顏色，算是驚險但順利的解決。」

以困境為師，借鑒這次的危機，讓欣舷更積極在自己的職責範圍上，「一定要一步一步的，讓芊茂拉鍊成為強大且可信賴的品牌！」

從傳產到品牌，開啟下一個世代

同時，她也看到，既然芊茂拉鍊在配件的位置上有著出色的表現，「我們的拉鍊不論是抗刺爆強度、耐用度、橫向拉力、拉片扭力等項目都在『優等』的標準之列。只是，就算各樣評比項目都在水準之上，我們也是很多國外高級、中產品牌的指定拉鍊合作廠商，可是以國內目前的合作模式，傳產業者還是在供應鏈中聽命行事的一端。要自己去找廠商合作，這讓我想換個不同的模式，讓國內的銷售也能像國外那樣，成為主動被指定的品牌。」

會有這樣的信心和想法，也是源自於欣舷看到了拉鍊的獨特性和可塑性，雖然看起來不起眼又微小的配件，但其實要製造出一條好用且耐用的拉鍊，背後有著很深的學問，「好的拉鍊，為客戶帶來流暢而秩序的體驗感，可以讓產品大大加分的！」再加上拉鍊存於日常生活當中無所不在，「不論是提袋、背包、皮夾、衣服、褲子、鞋子、衣櫥、收納用品等等，有太多東西其實都靠拉鍊才能更完整！」

因著這樣敏銳的眼光，也讓欣舷進一步結合過去在時尚產業中的銷售經驗。她認為，拉鍊和美妝時尚產品表面上有著很大的區隔，但若能看見商業行銷的本質，同樣是要掌握趨勢、洞燭先機，再結合各種創意、統整資源來促進產品的銷售，「我藉著掌握不同的產業類型的行事眉角，從中多學到了很多過去還沒有發現的道理。」

將品牌與代工生產的優勢結合，欣舷正推動著下個世代中芊茂拉鍊的轉型。她眼中帶著光彩說到，既然芊茂拉鏈具有獨特的優勢地位，也擁有足夠引領今後十年內的經濟潮流的班底技術，「那麼我相信，從長遠發展的前提來看，我們一定可以提供創新產品，開拓創新市場。」

「核心技術的管制是一定需要掌控的，但同時我們也要擴大培養市場夥伴，讓『芊茂』成為一個可以直接面對消費者的品牌！」欣舷規劃，要透過有效的行銷策略，再加上優質的拉鍊生產技術，逐步推出各種衣物與日用品，「在現代，每家公司都必須要透過品牌經營，才能讓世界看見自己的存在。」

對她來說，回到掌握市場趨勢及消費者喜好，進一步規劃產品、打響品牌名號，這就又巧妙的與過去在時尚領域中的業務型態十分類似，「我算是很知道該怎麼做，才能讓一個新的品牌進入消費者的視線，不只是『看見』而已，還能進一步的支持與愛用。」

建立新的行銷模式，成立品牌打開芊茂的另一塊市場版圖，將是傳統產業能跳脫長年以來的被動困境，走向永續發展的轉型解方。在陳欣舷的心中，芊茂拉鏈的發展和壯大不僅是工作中的成就而已，還是她對於家族愛的回應，「勞累了一輩子，讓爸爸放心的把公司交到我們手中，不必為了業績和發展的事情擔心，就是最快樂也最有成就感的成果了。」

我們都在一條船上，先同理再溝通

在投入傳統製造產業不長的時間裡，特別能感受到「溝通協調能力」說來基本，但卻是傳產上下游之間溝通的重要能力。如同芊茂拉鍊只是成衣製造中的一個小環節，除了要能與設計師溝通設計搭配美感，了解布匹材質、針車方式、成衣流程等等，每一個環節都要能盡力做到最好，呈現給消費者的商品才能如實呈現品牌精神、設計美感。

欣舷在於客戶或是跨部門同事溝通時，總是抱持著「盡一切努力，協助對方呈現完美成果」的精

神，理解彼此都在「同一條船上」，即使即將要遇見冰山、遇見暴風雨，只要一起想辦法，最終都能一起度過，讓船上的每個人都安全無疑。因此「協調力」對她而言，是事業經營過程中最重要的能力。

製造自動化也要與人溝通，事情永遠不難

傳統製造產業雖然面臨自動化挑戰，但芊茂能做到精確、品質第一，靠的是「人」而不是系統數據，尤其旗下工廠是少數堅持全人力品質檢驗，全靠老師傅的多年手感與眼力，不是單純數據管理可以做到的，需要有溫度的協調與數字管理相併進行。

而有人的地方都要溝通，先與對方站在同個角度看待事情，清楚把自己的想法讓對方知道，事情永遠不難，難的是人的情緒過不去。

每當有新的指標員工總會有反對聲音，或是合作廠商遇到瑕疵錯誤因而敢不上交期，這時人難免因為著急而有情緒，欣舷總是先了解現在對方的情緒走到哪了，理解背後的原因並且展現十足誠意，往後再處理事情往往簡單許多，最終都能彼此同心，全力以赴達成超標。

加入防護衣國家隊，緊急狀態提前生產

二〇二〇年初遇到疫情全球肆虐，成衣產業出現了重大變動，全球品牌在年初大量取消訂單，恢復生產後又將交期從一百二十天縮短為四十五天，每一個環節都變得比過去更加緊湊，在需要保持99%以上良率與時間的壓力下，每一個同仁都是非常緊張的。

然而台灣此時也出現疫情訊息，雖然在有效控制下並沒有影響出貨，但也同時接獲 P3 實驗室等級防護衣的緊急生產需求，在全球貨運停擺、搶購原物料的情況下，我們冒著成本上漲的風險，比收到正式訂單還提前兩天開始加工製作，在產線滿載的情況下，用最嚴謹規格在一個月內產出百萬條專用拉鍊。最終與台灣成衣廠商協力完成百萬件防護衣任務，在所有人同心準備下，不僅提供國內所需，也提供友邦鄰國使用。

身為台灣一員，深深以參與此次緊急任務為榮，也欽佩台灣成衣同業的專業與無私付出。

疫情期間外在條件的改變，更是挑戰芊茂全體事先與上下游廠商的溝通，需要將所有可能發生的突發狀況都放在前面思考，一但發生問題需要第一時間溝通應變，將戰力發揮到極致。

協調的技巧對於創業者是不可或缺的一項技能。不管對外與合作廠商、對內與團隊或跨境部門，任何一個角色都需要擁有好的溝通能力。身為公司經營或部門負責人，最重要的需要讓員工能「聽懂你要的是什麼」，讓客戶能明白「能為他做到多少」，為同一個願景目標努力。

盧湘凱

樂鑫開發工程有限公司

樂鑫開發工程由深耕海事工程領域、擁有 20 年豐富經驗的資深技師、施工團隊組成，專注於相關領域技術研發，包含海事工程專利構件、創新模組化技術，以營建案承攬與技術授權為主要營業項目。

創立時間 | 2017
產品 | 海事工程、耐震補強工程、營建專利授權
主要客群 | 政府單位、國營民營企業

技術力／
研發投入是創新與競爭的優勢

擁有獨特的技術，是增加競爭力與吸引消費者的核心優勢。加強研發，對於企業是根基，必由之路，但增加投入不是一件簡單的事，它與眼前企業要實現盈利是互相矛盾的。長遠而言，缺乏研發投入的企業，最終一定被淘汰出局。

承襲擔當，跨世代溝通的磨合與挑戰

在台灣的海事工程領域上的女性負責人非常少，同時兼具經濟學與工程學的跨領域專業更讓湘凱的思考模式不受侷限，樂鑫開發創辦人盧湘凱相信營造行業雖然傳統，但一間屋子搭建起來需要留意的細節繁多，需要老師傅們許多適地適性的經驗智慧，三十年內還難以科技運算或機器人取而代之。然而如何能在效率較低的檢測端導入新科技，以連老師傅都能上手的數位工具建立適合連接現場與內勤管理的 SOP，數據留存將有助判斷標準化，實現經驗轉智財，更是未來樂鑫創造市場利基關鍵的一環。

湘凱世家從事海事工程已有二十餘年，承接過大大小小的案子，在業界施工品質優良享譽聞名，結合過去的經驗濃縮精簡出一套獨有的工法，箇中艱苦不言而喻，海事工程比起陸地建設，更遭受到大自然的考驗，風勢、浪潮、溫度往往都考驗著工人的技術、工法的創新、構件的穩固，難度相對提高，反之陸地建設受到環境影響較小，且風險大多是可控的。

樂鑫開發創辦人盧湘凱表示：「對傳統產業來講，更多是誠信，更是重視情誼的美德。」有些跟了公司二十餘年的老員工，一家五口長年跟著公司四處打拼，因此湘凱的父親曾交代，公司的經營不僅要思考營利，更要時時照顧員工生計與家庭，不幸負這些陪伴公司成長且富有經驗的資深技師，因此在尋求突破的企圖下，父親支持盧湘凱於二〇一七年設立樂鑫開發工程有限公司，帶著過去累積的經驗智慧，領著大家在海事工程領域持續地走下去。

在二十五歲那一年，湘凱放棄從事國際金融的優渥薪資回到海事工程相關領域，站在傳統與創新之間，如何做好溝通與協調，其實，並非容易之事。

湘凱一開始確實抱著滿懷熱情想一展身手，檢視公司所面臨的最大問題，她發現公司內部仍使用非常傳統的紀錄方式，工作沒有建立清楚流程，管理都存在父親的腦袋裡，所有人等待他的決定判斷，案件一多難免心力不足，無論在資金運用或是人事、合約管理，都無法明確地掌握動向。

這些觀念只用口頭表達員工無法領會，這不是大家過去的工作習慣，所以湘凱選擇直接把想做的東西做出來，並且一次又一次的闡述背後觀念。「我做了很多雲端管理表格，但是許多都有去無回，根本沒有人使用。」湘凱自己心裡清楚，沒有回應代表這樣的形式無法讓員工接受，因此選擇從大家最關心也直接相關的薪資開始溝通。

大多數的工程人員都屬於實作派，工地的文化豪爽不拘小節，很多人對於電子產品的應用不甚熟悉，以往都是工頭拿張紙，每天現場點工手寫下所有事情，師傅是日薪計出勤不固定，進料叫貨隨現場進度機動處理，常常一忙記錯就發生落差，也無法做好成本管理。

湘凱只應用大家都很熟悉的 Line 群組，要求大家每天把手寫點工改成 Line 回報點工，再由內勤夥伴每天登入 Excel 製表，最後截圖與現場工頭重複確認，如此一來，就提升了點工的準確性，大家也漸漸接受透過 Line 即時回報進出料、每日現場照片紀錄等等，現場管理也順利的數位化，內部控管逐漸成形。

經驗累積成智財，擁多項專利積極轉型

湘凱提到父親在年輕時曾擔任過造船以及營造等工人，並且自學營造相關技術，從 1997 年成立凡瑜工程公司至今，一直以來都是用傳統管理模式來進行案件。面對所有設計與營造公司都覺得難度非常高的海上模板組立，卻是父親過去最擅長解決的挑戰。因為海事工程在每一個案場會遇到的問題截然不同，有時候是海象天候，有時候是基樁角度傾斜，時而潛水量測、時而使用大型機械吊掛，擅長依據現場條件彈性解決難題的盧爸爸，二十年來累積了許多工地智慧，但卻從來沒想過如何由「智慧」轉為「財產」，也是他願意支持湘凱成立樂鑫開發的關鍵。

海事工程需要較高經驗與技巧技術，在早期工法較為繁複，難讓無經驗者直接進場施作，人員不只要會搭建模板，也還需要會潛水協助構件定位，甚至是水下焊接作業，也因技術繁雜，導致人員稀缺，容易遇到人才斷層或技術流失，因此近年樂鑫開發了專利預鑄構件，大大縮短作業時間，讓新進

人員更容易上手之外，也能增加工作效能。

湘凱在了解現場技術後積極地拜訪專利事務所，提出針對海事工程的施工構件申請專利，雖然一開始，許多師傅們對於這件事情都抱持著懷疑的態度，但很快地，陸續申請到關於浮動碼頭連接器、平台預鑄支撐件等專利，用行動去讓這些師傅開始感同身受，那種做事的態度，開始有了微妙的改變，更加認同自己的專業性，並抱持著更多的自信心從事這份工作。

引進新血做內控改善，專業度大躍進

湘凱提到，公司發展除了需要現場的專業技師團隊，也很需要內勤管理生力軍，目前有三位從行銷、資料處理、會計等不同背景的夥伴，正好都是女性，而自己身為女性經營者，非常能夠同理家庭照顧的需求，就像今年遇上 Covid-19 學校停課，也允許員工帶著孩子一起上班。

員工相處更像家人，公司旅遊或尾牙也邀請真正的家人同行，讓員工本人和家屬都能夠安心。甚至櫃子裡永遠放著女孩每月都需要的熱巧克力和薑茶，湘凱用真心對待員工，就算面臨突如其來的難題，大家也會願意主動承擔責任，並且互助互享，甚至在公司擴展的階段協助推薦或挖角新人，抱持著工作不需要爭高低，而是為了好好處理事情而努力著。

「也許小公司薪水不是第一，但員工絕對能感受到我對大家的關心！」雖然仍有現場與辦公室不同空間的管理限制，偶爾也遇到資訊不對稱，無法即時有效處理而增加成本，但湘凱相信，人和，公司未來才有機會成長茁壯。在這樣的工作氣氛下，公司自然不需要過於瑣碎的管理制度，而讓團隊能夠主動發現問題，做好內控。

公司發展外在看來似乎一帆風順，營業額和員工數也不斷成長，但湘凱卻經歷許多驚滔駭浪。「經營過程裡，因為合約或流程不清楚，而造成與下包廠商的糾紛經常發生，我的員工現在都會發公文、知道要做好每一個溝通過程。」這些經驗也讓湘凱認知到，營造工程行業的潛規則發生變化，過去一諾抵千金，現在白紙黑字、寫清楚合約條文才是真本事。

公司成長的過程中，財務和法律是重要環節，湘凱說：「過去公司還小，百萬規模就是大案件了，還可以拿銀行積蓄出來周轉，小時候看見爸爸各親友都借遍了。現在我們承攬單案八千萬規模的案件，就像從幼稚園升國中小，要提前規劃財務財報、留意付款保留款條文中的每一個細節。」

積極鏈接產官學，尋求產業突破口

從樂鑫開發創立的第一天起，湘凱就希望以過去不同的經營模式走出新道路，因此特別著重與異業交流的機會，也透過參與政府計畫，讓公部門能看見台灣有群人正在為了海岸建設而努力。

「我從第一筆週轉金，就來自經濟部青年創業貸款。其後也為了想讓工程技術被看見，申請多次SBIR、CITD等政府支持產業轉型的補助計畫，嘗試了三四次，依據委員回饋不斷修正，自己也對產業發展有更多的理解，終於受到評審青睞。」

敲開了補助計畫的入門磚，讓堅持持續投入研發的湘凱有了新動能，其後也透過女性創業加速器與、女性創業菁英賽，以及高雄市企業領航獎，成為工程領域的女性創業代表之一。

「以前我不知道該如何對新朋友說明我從事的行業，所以在陌生場域裡總是觀察等待，一直到有位評審問我『妳說的模組化建設方法是不是像樂高？可以一塊一塊搭建。』我才發現海事工程原來也可以用這麼可愛的描述來說明，所以還在APEC會展中特別以樂高來呈現我們的技術，確實吸引許多投資人或與海洋有關的人士前來詢問，達成我希望有更多人了解台灣港灣工程技術的初衷！」湘凱笑著說。

「在申請補助案的過程中，認識了關注並鼓勵我的高雄科技大學楊玉森教授，願意帶領研究生協助我們做海岸金屬物件腐蝕研究，過去我們只能土法煉鋼的直接放在場域目測，現在有了研究團隊的幫忙，我們不僅對於海岸施工可用金屬構件防蝕有更多了解，完整記錄更有助於我們朝向碼頭醫生更進一步！」能夠找到支持樂鑫持續研發的學界教授支持，開啟產學合作的契機。

台大土木高手雲集，AI、VR、辨識等應用技術滲進細胞

「過去從來沒想過，我能有機會在台大與一群如此優秀的同學一起學習。」憑藉著在專利與政府專案的努力成果，湘凱如願考上她心中的第一志願，台灣大學土木研究所營建管理組，也在這裡遇到了她的恩師，台大土木視覺辨識第一人，陳柏翰教授。

剛入學湘凱就積極拜訪陳教授，並提出以視覺辨識技術引入海岸建設檢修的大膽想法。過去教授曾寫過多篇以照片建模、VR應用於視覺辨識技術檢修橋樑工程的研究，也很支持湘凱對於海岸結構物辨識的新領域，特別引薦研究所助理協助湘凱。

在第一個學期就參與了AI、ARVR、3D建模等新技術應用課程，「原本擔心學校教的與業界實務有落差，沒想到反而是領先研究開啟了我對技術應用的想像。」從此湘凱與父親除了討論工作之外，又多了些新鮮話題，家中的客廳閒談彷彿科幻片，想像著這些新技術如何能增加施工效率。

展望未來，成為碼頭醫生推動海岸永續綠色工程

近年更由於永續綠色工程興起，除了提倡以創新工法或材料來降低環境影響外，也強調必要建設需要透過定期檢修維護以延長壽命。因此盧湘凱的終極目標，是要成為「碼頭醫生」，從尊重海洋生態的角度出發，不只花更多時間在了解在如何執行上，並同時全力在推動「環保碼頭工程」，雖然原本的棧橋式碼頭，就是依照因應各種海岸地形所設計的環保建築工法，但更希望透過定期檢修維護，去延長使用年限，以降低海洋的破壞。

「我想，正因為自己不是這個行業出身，因此看到的面向可以更廣，然後，我就能把新的東西不

斷地帶進來。」對湘凱來說，未來的方向一直以來都是清楚可見的，希望藉由一連串的行動，讓海事工程能夠持續升級，並且積極擴展相關港灣工程事務，以及能同時保護周邊的海洋生態，以一種破壞性最低的模式，與海共存。

未來是數據化的年代，湘凱希望公司發展結合科技的運用，例如使用3D建模或是AI影像辨識來達成公司最原始的初衷「碼頭醫生」，以現階段來說或許還很遙遠，但是必須開始思考找出其中的平衡點，提前開始部屬，找到最適合公司的營運方式。

專利被侵權，認知技術真價值

如果旁人問創業以來，做對最重要的一件事是什麼？湘凱會說是將「技術研發」作為公司最重要的核心能力，讓樂鑫開發未來不僅能以海岸工程營建立足，也有機會將企業的核心技術透過授權，與更多同業廠商攜手建設，在台灣的海岸線上以綠色工程與海洋共生。

印象最深刻的事件，是二〇二〇年專利技術被知名廠商侵權運用，對方是業界第一，但其實最需要關鍵技術的棧橋工程都是委託給樂鑫開發執行。最後一次合作他拿走了樂鑫的設計圖面，轉而委託其他廠商施作，還對該項提出專利撤銷，目前進入專利法庭審理中。她開玩笑說：「能夠被申請撤銷或侵權的專利才是有價值的專利，我們未來一片看好。」

這個過程走得並不容易，但她現在對於新型專利、發明專利的保護範圍和權益有了全面的了解，也知道有些關鍵技術其實更適合用商業機密來保護，有助於樂鑫未來的專利布局，以及未來技術授權的規劃。感謝能遇見非常專業的專利師與律師，願意陪樂鑫一起搭建技術護城河，才能實現將經驗技術變智財的目標。

創業必須要對投入的行業有足夠興趣，時時保持熱情與好奇，腦袋裡總會轉出各種可能性，但又要認清自己目前的資源和人力狀態，做出判斷和選擇。當然，精彩故事總是充滿轉折，超出掌控就是創業者的日常，多的是各種難以想像的誇張鳥事，遇到下包廠商沒做好工程還反提告、專利蟑螂任意投訴、主管沒留意基樁打錯方向秒損失百萬⋯，這些若只靠興趣是不夠的，努力只是基本盤，還需要努力再努力，有衝勁和幹勁迎向挑戰，保持心智強壯才有毅力和抗壓力。

陳宓盈

Forever Fun

專職代理，親自飛往國外，只挑選用最好的商品才敢推薦給大家，是一家提供歡笑給孩子的公司，希望帶給孩子們滿滿的幸福。

創立時間 | 2017
產品 | MoonRock 護脊書包、美國 SUMBLOX 數字積木、日本 COLORFUL CANDY STYLE 包包、比利時 ByNubuline 銀飾
主要客群 | 兒童

代理選物力／

理解客戶的心與購物需求

顧客始終是因為有需求才會購買商品，不會沒有任何原因或動機就開始消費。購物行動，是有一段的過程，必須從消費者的感知面、動機面、思考面、行動面做全盤的了解，才能夠真正的提升購買率。選擇適合自己的品牌，運用談判技巧，搶下獨家代理權，並且仔細研究市場，制訂實際的行銷計畫，不要陷入花錢的迷思，將每一分錢發揮至無限大。

細節決定成敗，了解消費者心理了嗎

誤打誤撞進入代理商這個領域，陳宓盈從一張白紙到現在能獨當一面的去談商品代理或是櫃位，這一切都要從兒子要進入小學的那一年說起。那時她一直在尋找適合且喜歡的書包，當時看到的許多兒童書包，男生就是黑或藍色、女生就是粉色、上面也印著孩子們耳熟能詳的卡通人物圖樣，宓盈看到之後開始在想，小孩子的書包一定就要是這種花花綠綠的風格嗎？說真的，她一點也不喜歡。對於孩子要使用的書包，除了設計希望更有質感外，還希望孩子在揹書包時可以輕鬆一點，不要因為書本太重或姿勢不良，影響了往後身高的發展。

剛好，在一次出國遊玩的旅途中，陳宓盈在商場看到了 MoonRock 護脊書包，當場一見鍾情。一眼就被書包吸引，再加上 MoonRock 書包還有經過了美國脊骨神經科學會的認證，這就是她想要的外型與專業護脊結合的書包，畢竟，本來就不可能是包包上隨便加幾塊海綿軟墊，就可以宣稱說對於孩童的脊椎有保護的作用，當場宓盈好開心地馬上拍照傳給老公看，終於找到喜歡的兒童書包了。沒想到，後來還多出了一個想法：「既然我們這麼喜歡，這樣的產品在台灣又買不到，那何不如自己把它代理進來呢？」，於是開啟了代理這一條路。

如何成為一個代理商

在代理這一條路上，陳宓盈願意和大家分享一些，正考慮代理或是已經談好代理時要思考的點：

代理權的種類，一般而言，代理分成三種，第一種是因為如果是談品牌授權製造產品代理，這個是最需要資金的，一但要自己設計產品所投入的金額一定是兩百萬起跳，而且是只有產品的部分，後續的行銷和通路等等的費用都還沒有加進來，所需要投入成本很高，雖然利潤也比較高，大約有15%～25%，但是風險也是很大，一旦滯銷，那批貨就只能當庫存，賠錢賣掉。

第二種代理方式，也是一般公司最常談的方式就是獨家代理，獨家代理有些需要一筆權利金並且規定每年一定要進相當的數量之外，每年還要交一到兩份報告，說明目前市場的情況和未來的展望，對於代理商的要求也會比較多，像是實體通路的拓展、業績成長的比率、品牌 LOGO 的使用。

但是原廠給的折數也會比較高，雖然原廠給的折數是看國家區域不同有很大的差別，歐美通常給的折數較高，日本的折數很難談之外要求又多，但是只要是獨家代理，都會比一般代理再低個 15%左右（日本除外）。

獨家代理的好處是在簽定的期間內只有一家廠商，你可以主導市場的價格，不用跟別人削價競爭，

利潤會比較好，這也是一般公司會偏好的方式，但是這個方式就是投入成本雖然沒有品牌授權製造產品高，你當然也是要押不少的貨。

當水貨價格下殺，有可能你的貨就會賣不掉，陷入價格戰中。所以如果要談獨家，一定要確定你所要進的商品，是需要你的服務價值的，例如保固需求、商品教育及操作、產品諮詢等。這樣消費者會自己評估如果買水貨，將來保固及操作會有問題，就還是會轉為購買原廠代理商的產品。

第三種就是經銷，這是最基本的代理，基本上只會要求MOQ（最低訂貨數量），任何人都可以跟原廠進貨，有可能會依進貨的數量，而價格有些微調整，但是調整幅度不會太高，如果是你是剛創業的公司，而這項產品在台灣還沒人代理過或是有人代理但是產品知名度還沒打開，建議使用這種方式，雖然有可能在市場知名度打開之後，會有競爭者加入，但是其實後期可以用談判的小技巧來達到假獨家代理的方式喔。但是這種代理的利潤比較不高，大約是8～10%。

這三種代理，沒有哪一個比較好，完全要看你所代理的產品與品牌的特性以及本身的資金及對特定市場的熟悉度。如果資金充裕又經驗豐富，工廠人脈又廣當然可以選品牌授權製造商品代理。如果不想一下子投入那麼多資金，但是又覺得這個商品或品牌非常有前景，可以採用獨家代理，以杜絕後來的威脅。

另一方面假使資金有限，想要先累積經驗，可以先選擇一般代理來累積經驗，增加對市場個熟悉度及敏感度，為未來的挑戰累積實戰值，也是不錯的決定。

建議如果是剛進入市場的公司，如果市場還沒有這項產品，先不要談獨家代理，先談經銷就好，就可以叫少量的貨測試一下市場，如果銷量很快再談獨家，或是也可以跟原廠談一段比較短時間的獨家。

宓盈自己在談某一個品牌的時候，也是先談經銷，發現在二個星期內居然完售，但是原廠要求不能只進A產品，一定要一起進大量的B商品，才願意給予獨家代理，所以她就先談短期獨家的方式。在這期間，先把所有可能的通路先上架，佔好銷售位置，讓對手就算也來談經銷，也無法佔據已經上的通路，搶得先機。

所以在談判的時候，要保持彈性，先試試對自己最有利的方式，原廠的要求也不用全部都答應，另外有時候如果只是用 e-mail 來往，很容易成為公事公辦的關係，如果可以直接飛去跟原廠談，所謂見面三分情，見面談合作的條件也會容易達成協議。

先抓到你的市場定位，再販售你的品牌價值

選擇要代理的品牌的時候，很重要的是要考慮這個品牌是不是符合自己的個性，為什麼這也是要考慮的因素呢？因為一個品牌的個性是用無數細小的事情累積堆砌而成，如果你不符合那個品牌的風格，無論是文案、圖片、櫃位設計和包裝，都無法呈現這個品牌應該要展現的模樣，自然無法吸引到對的客群。

以宓盈自己為例子，她親自飛去歐洲談到了一個飾品品牌，原本想說應該會大賣，因為他的設計很可愛，是台灣市場上沒有的風格，原廠的條件也很少，是一個很適合嘗試的品牌。

原本以為應該會大賣，但是實際上卻是賣的非常差，宓盈覺得是因為自己本身就不是一個很喜歡打扮的人，常常穿T恤牛仔褲，身上連飾品都沒有的人，要怎麼將這個品牌塑造成吸引人購買的質感，連展示商品的道具都擺不好，跟其他飾品品牌整體的感覺差距很大，當然就就很難呈現及說服客人這

個品牌的價值，進而掏錢購買。這也讓她學習到很重要的一點，所代理的品牌，要跟自己的氣質及愛好有連結度，才能進而展現吸引人購買的氛圍。

創業資金的分配原則

創業時最重要的便是資金的運用，很多人就算是生意做得再好，生意也做不長久，因為一但沒有掌控好資金的流動，很容易面臨資金短缺，周轉不靈的情況。

陳宓盈建議，將一份創業基金分成三份，一份是進貨成本加上權利金等短期無法變現的部分；另一份要當運轉資金，包括每個月都要付的薪水、房租、健保費用等；最後一份要拿來做一整年的行銷預算。

千萬不要想說，進一個商品進來，就一定會大賣，你覺得非常好，市場不一定能接受。宓盈遇到太多想要創業的人，都是先問身邊的朋友，感覺好像很有市場，就決定要引進。但是卻沒想清楚，身邊的朋友大多都是自己的朋友，跟實際上完全不認識的目標客戶，完全不一樣。

就算是所有鎖定的目標客戶都會買好了，但是要如何觸及所鎖定的目標客戶也是一大問題，當然一開始的初步市場調查是必須的，只是不要只是問問朋友，最好能在小型目標客群中做問卷測試，是比較準確的。

現在網路上有很多免費的線上做問卷的軟體，都可以幫助了解消費者的想法是不是跟自己的想法很出入或是符合。像我自己，在引進MoonRock這個品牌之前，就有在一群大約一百人的小型社團中，做問卷測試，看是不是大家能對這樣的書包認同並且大家可以接受的價位大約是多少，這樣才不會曲高和寡，造成損失。

找到適合傳達訊息的行銷模式

一開始為了要如何讓大家認識MoonRock，陳宓盈想了很多方法，但是因為要把預算控制住，所以要先規劃好一年的行銷預算是多少，所以每一個月可以花的錢是多少。規劃好後，再來思考如果要在短時間內，造成話題，最快的方式就是要找人代言（百萬起跳）？

如果預算沒這麼高，那也可以找幾個知名網紅合作，大咖網紅一篇貼文是十萬起跳，如果是要製作影片，價錢還要在加上去。但是這個就要小心，有些網紅其實雖然粉絲數多，但是其實效果很差。所以要仔細觀察或是多多請教前輩，才不會走冤枉路。

MoonRock一剛開始，就找了一個非常有名的網紅，還很開心能一起合作，結果FB文章一PO

出，才發現轉單率超低，她對粉絲根本沒有影響力。而且過了一個月，她竟然馬上推薦別牌的書包，之後跟其他朋友聊起，才知道這位網紅在業界很有名，是有名的沒效果又貴，而且還完全不挑產品只以賺錢為目的，所以她的中心粉絲都跑光了。

除了要慎選網紅之外，也一定要堅守預算，因為其實網紅收費的不低，如果每個都請，再加上替他們廣告貼文，很容易就會超出設定的預算。所以最好能跟網紅談部分酬勞用商品交換，以降低預算。行銷除了網紅還可以做新聞稿、口碑、辦活動、異業合作、講座等，各式各樣的行銷手法。但是每一樣都要花錢，所以先列出優先順序，先做能立即有轉換率的事情，先增加利潤，再來想要如何擴大利基，想辦法將每一分錢的效果最大化。

其實除了以上所寫的要注意的事情之外，每一種不同的產業都有屬於自己不一樣的地方，做代理這條路，不會只有代理一樣商品，一定是會往多品牌前進。

在前進的路上，不僅要注意對手的動態，還要維持跟原廠的關係，在這條路上，不會是一條平坦的康莊大道，而是會是一條需要自己用開山刀努力劈開阻礙的羊腸小道，但是沿路的風景會是一個個只屬於自己藏寶圖，最終會帶領自己走向心中深藏已久的寶藏。

黃政嘉

霹靂 PILI/ 霹靂國際多媒體 (股) 有限公司

透過影音出租、電影電視授權及肖像授權等形式，結合聲光科技及特效技術等，讓富有中式文化與美感之閩南語木偶戲，能受到海內外觀眾喜愛。成立「PILI FAN」與愛好者保持連接。每週更新劇集，現於 Netflix 、Youtube 頻道皆可觀看，傳承霹靂能夠「破舊立新」的時代精神。

創立時間 | 1992 年 黃強華、黃文擇共同創立「大霹靂節目錄製有限公司」; 2000 年 「大智育樂（股）有限公司」正式更名為「霹靂國際多媒體（股）有限公司」
產品 | 自製系列戲劇、電影、遊戲，肖像、影音授權等延伸產品
主要客群 | 33-45 歲 男性

思維力／
不斷選擇和取捨的過程

你可能以為創業者要有一套完整的思維模型才會成功，但其實真正需要的是彈性多元的思維模型。品牌再造凝聚企業共識，與消費者溝通企業核心價值進而創造核心用戶，讓你的團隊、粉絲懂你，心甘情願成為你的骨灰級粉絲！大腦中必須保持存在兩種或更多不同的想法，還能維持正常行事能力，只有如此，才能解決商業活動中真實且複雜的問題，因為所謂的優先順序並不如想像中那麼黑白分明。

調整狀態從改變心態開始

生在布袋戲世家的黃政嘉，為霹靂布袋戲的第二代傳人，從小就與布袋戲天天為伍，也在成長過程中耳濡目染，理解每個故事脈落，並為之著迷。記得小時候看布袋戲，政嘉就會投射自己人格的面向在故事與人物特色中，台上演出熱烈，同時在黃政嘉內心，也上演著屬於自己的生命經驗。

在學的時候雖然政嘉自己很喜歡布袋戲，想要多與同好朋友交流，但又不想被認出真實身份，所以一路低調改換身分甚至喬裝。從高中時期就玩起故事裡面的角色扮演，到大學開始撰寫同人小說，寫出霹靂布袋戲的戲外人生。

設計相關科系畢業的她，曾經在日本設計公司工作，政嘉透露選擇學設計的初衷並不是想走相關產業，而是希望回到家裡，能為爸爸叔叔創立的霹靂品牌，設計出更好、讓年輕人更喜愛的產品，讓布袋戲能歷久不衰。於是，她追隨著內心的熱情，日本學成後毅然投入公司運作，接手品牌部門，從此不再只是躲在背後喬裝的小粉絲，轉而走到台前與大家分享自己熱愛的事情。

談起自己的心態調整，政嘉說：「以前在當台下當粉絲，心態很輕鬆，保有那種純粹的喜歡，喜歡某個角色或是故事環節。」但切換成經營者角色時，要思考的就不再只是自己喜不喜歡，而是要如何用多元面向、秉持著品牌精神，去創造屬於這個世代的霹靂樣貌。「我們想要玩出新本事，翻轉大眾對布袋戲已是 OLD SCHOOL 的看法，因此要用職人精神去創作與細雕產品，賦予它文化新意義，讓每個人看到，都說：『哇～霹靂！很潮欸』！」

力求創新突破反跌跤，三十年品牌的轉型陣痛

說起要讓新世代認識布袋戲的魅力，政嘉與哥哥嘗試了許多回，其中有甘甜也有苦澀。比起過往，當下的影視娛樂有太多選項，霹靂品牌轉型需要注重的，反而不只是產品本身是否精良，更要回看過去布袋戲在廟口酬神演出時的場景，重新搭起爺孫、老青世代、家人朋友間的溝通橋樑。為此政嘉做了許多嘗試，包含在推出模型產品《3D 激戰天下》之前，先闡述製作公仔的原型師故事，引起社會大眾對於職人精神的關注，並得到熱烈的迴響。

只是想要突破創新，經常會遇到追隨霹靂三十年的「骨灰粉」批評與不諒解。政嘉談起過程中最重大的打擊，就屬二〇一五年新年檔期推出《奇人密碼》電影系列，當時想開發新的戲劇脈絡，耗資三億五千萬，完全 MIT 製作，也融入新動畫技術，甚至為了與更多大眾接觸改採多元語言配音，卻因當時的行銷主軸舉旗不定，又因為大眾對霹靂的電影認知是「聖石傳說」，這強烈的印象難以突破，造成口碑的反彈，最後全台票房以二千萬作收卻收，觀眾如浪花四濺的負評讓公司團隊士氣低迷，該如何走出低潮，東山再起？

政嘉認為，霹靂能夠創新的本錢，來自角色、造型、分鏡、配樂，甚至到行銷策略，從頭到尾都是原創的故事，其中能發揮的空間非常地廣。回到布袋戲本身，難的不在於故事創作，難的是在面對環境變動下，必須因應潮流進行文本改革時，又要同時兼顧粉絲感受，讓每位觀眾、粉絲、團隊、甚至自己，都能從傳統走向未來的新局面。政嘉說：「我自己都需要時間去調適了，更何況是一路跟著布袋戲演出長大的哥哥姊姊，還有自己的爸爸、叔叔等長輩。但如果我不努力轉變，有一天這個產業會被迫消失，我一定會很捨不得，為了不讓這些事情發生，一定要開始去創造新的可能。」

一個有三十年歷史的影視品牌，縱使有過去的風光偉業，此刻面對的挑戰卻更加艱鉅。雖然聽到各種聲音也會情緒低落，但難過完還是得繼續往前，假如妥協了，就會忘了自己為什麼做這件事情的初衷。而當自己內心堅定更有力量向前後，政嘉就發現了新的切入角度。帶著二〇一五年電影出版慘痛的經驗學習，二〇一七年再度推出新系列《Thunderbolt Fantasy 東離劍遊紀》，擔任行銷統籌的政嘉就加入過去喜愛的動漫元素，同時辦了聲優感謝祭，結果不只在日本引起熱烈討論，更帶動北美的收視好評。

目標一致才能稱作團隊，內部戲迷為產品把關

路，要走得遠，要靠大家擁有同樣的共識，否則走了再久，仍是原地打轉。霹靂是一間很特別的

公司，在這裡許多員工都是資深戲迷，每個人都是因為太愛布袋戲了，所以進來這裡工作，他們就像家人一樣，帶著使命感，把自己半輩子的愛投注在霹靂。所以在推動創新的路上，首先要過的就是內部同仁這一關。

因此，政嘉開始花更多時間在團隊溝通，每個想法都會從如何執行、以及所要走向的目標，一次又一次的傳遞，希望在過程中，讓大家能看見與自己同樣的願景。即便衝突難以避免，但必須一而再、再而三地堅持，讓團隊能真正了解為何而做，才會步伐一致、達到共識。霹靂是一個大家庭，只要家和就能萬事興，那就什麼都不怕了。

由於父親的開放與信任的態度，企業整體管理上，讓政嘉與哥哥各自發揮所長。哥哥主要負責公司整體營運方向，以及企業關係的經營，而政嘉自己則笑著說：「我看起來比較親和力，所以我負責的就是去執行跟溝通。」當一個領導者，如果自己沒有做到，就會無法說服別人去做，對此，政嘉要求自己做到言行一致，並讓大家透過不斷思

考「為什麼這麼做」，在霹靂的多元文化裡找到自己的認同與理解，朝著訂立的目標以及願景去執行。

現在的霹靂是「故事」，布袋戲則是「載體」。故事可以運用動畫、小說或是電視劇的方式來呈現，而布袋戲本身，則是一種代表台灣的偶戲文化傳統，接下來還要讓布袋戲生態圈，推向數位，連結網路商店、影視平台、APP、與行之有年的後援會會刊，利用多元的文化管道做好溝通，並透過聯名活動、聯名產品，讓布袋戲重新走回生活之中。當人們漸漸地，習慣有布袋戲的生活之後，就能讓故事駐紮人心，自然而然，文化就得以傳承。

政嘉談到，曾有人跟她分享《角頭》的導演說：該部電影裡面有許多拍攝的臨時演員背景擁有黑道身分，他們往往回到家都不太說話，不然就是吵架。唯獨聊到霹靂布袋戲，每個人都會開始熱烈討論。甚至有許多戲迷說布袋戲救了自己，己雖然身體承受著病痛，但看著素還真再怎麼苦還是願意到處幫人，就受到角色精神的鼓舞，開始有了繼續生活的動力，選擇振作起來。

如同喜愛角色扮演和寫同人小說的政嘉，布袋戲陪著她和觀眾度過不同的成長階段，這股信念長存於生活一隅，也是能夠凝聚人心的力量。雖然外在挑戰很多，但她的夢想藍圖，是讓布袋戲這個代表台灣獨一無二的文化，能被全世界看見。

走一步，想兩步，看三步

政嘉從進公司就一直負責品牌與粉絲經營，幾經波折後更能了解粉絲的行為與想法。無論是追隨二三十年的骨灰粉、新粉、工作團隊、與父母，其實都在品牌轉型的過程中經歷轉變的陣痛，深知過程很容易因為不習慣而抗拒，因為不熟悉而疏離。

所以對扛起品牌部門的政嘉而言，「品牌核心」，不僅需要用文字或話語來溝通，有時候更要以生活態度、跟人的互動來展現。就像「傳道人」的角色，無時無刻要展現著所謂「霹靂人」的態度。這是為了讓自己無論是面向工作團隊、或消費者，都能展現一致的形象。讓所有人都能從霹靂二代的眼中，看到這個品牌的靈魂。

政嘉說：「除了創辦人父親以外，我們最清楚公司成立的初衷與霹靂的過去和現在為何而做。我一直覺得品牌這件事情，跟做人沒什麼兩樣，我需要清楚知道我是一個什麼樣的人，我要創造什麼樣的價值跟目的，我才可以身體力行地做出這個品牌，自然喜歡我這個價值觀的人，認同這件事情的人就會被吸引而來。所以我一直覺得做品牌不是刻意要針對哪些族群去做溝通，更重要的是，我清不清楚自己是誰？消費者也才能更鮮明的看見我。」

「如果我是『霹靂』這個人，我在跟你相處認識的過程中，就是在建構品牌的過程了！我會用各種可能性來讓你理解我，也會用各種你可以聽懂的方式來闡述，讓你瞭解我。」

讓品牌活起來

霹靂在品牌轉型的過程，也找了品牌顧問公司來進行Rebranding，透過問卷市調，來了解一般人、主管、同事是怎麼看待品牌。「在這收斂的過程中，我們比較像是一個從〇歲活到三十歲，但不了解自己是什麼個性的人。可能有個模糊的感覺，就是霹靂要一直創新、想成為東方迪士尼等等。」政嘉說。

在品牌整理的過程，政嘉也對於霹靂的歷史文化有了更全面的了解，但卻是透過一次又一次受訪演講分享，一篇篇對外新聞稿件的修訂，自己對於霹靂精神才真正開始有了實感的「理解」。

二〇二〇年是霹靂的品牌再造元年，在4月30日品牌日發表時，政嘉和哥哥試圖讓霹靂「矯枉過正的年輕化」，政嘉分享：「舉例而言，就像一個六十歲的老男人，也跟著追Youtuber、穿潮牌，這一切都是希望貼近年輕世代的思維想法。」感覺很衝突，旁人可能看了不習慣，但我跟哥哥的考量是，乾脆就一次陣痛，因為品牌每三到五年都會做調整，我們在慢慢把年輕的霹靂調整成有活力的成熟人之類的。這樣大家反而能夠接受。

當次品牌日的展現中，融合YouTube直播，對霹靂的角色發佈未來的計畫，想透過行動來宣告霹靂的「不安於現狀」，也帶來60萬的觀覽次數，觀影時長為15分鐘的好成績。這樣的結果與高黏著度的粉絲族群，都讓其他合作方對霹靂產生好奇，進而展開合作。

政嘉分享爸爸說過最令她印象深刻的一句話：「不被他人期待的行業，做出別人不敢期待的成果。」無論是黃海岱革新黃馬的「錦春園」，或是爸爸要用新媒體和技術挑戰阿公的金光布袋戲，甚至政嘉在自己身上，都看到了這麼一點「不甘心」，好像就是這麼一個「不安於現狀」的念頭，帶著這五代的布袋戲家族，醉心在這文化事業裡，不斷反類型的挑戰自我。

「我和哥哥也在尋找，什麼才是這個時代的布袋戲該有的樣子？」或許也是在經歷體悟、大膽嘗試的過程中，才能讓霹靂走過三十年始終能吸引新世代粉絲，終究活出鮮明的樣貌。

走自己的路，更有魅力

新品牌面對市場，還沒來得及培養老顧客、也不清楚產品的主要消費者怎麼辦？「我會說，做你自己，用你的喜好來決斷！」政嘉建議剛創立品牌的人，最重要的是要有毅力。毅力的來源，絕對是創辦人自己真的很喜歡正在做的事，每次談起來都充滿熱情，那種純粹的初衷才是品牌的魅力來源。

「越講究自己的個人特色，反而辨識度越高，會吸引跟你同頻的人靠近。不要一開始就選擇迎合消費者，活得不像任何人！」

選擇做品牌，就是要有長期且持續投入的打算，在基本三到五年的培養期中，一定會經歷許多自我懷疑的過程，尤其在社會崇尚「快速致富」商業型態的現在，要能堅持走自己的路並不容易，但唯有堅持初衷，才能如同不斷挑戰創新的霹靂一樣，勇於破舊立新，瀟灑的迎向未來的消費世代。

2 0 2 0
GOLDEN COMIC
AWARDS & CONNECTION+
11TH 金漫獎

劉雅慧

匯森國際顧問有限公司

以顧問模式校調品牌網路資產，協助廣告行銷預算配置，整合市場流行及技術運用，依據品牌主該次方案之屬性，品牌知名度、轉換率 等，提供綜效最大的行銷專案建議。

創立時間｜2017
產品｜品牌育成、數位行銷專案
主要客群｜傳產 & 品牌主及廣告代理商

解構力／

洞悉問題本質，為客戶創造價值

「我要準備多少錢投廣告？」「為甚麼品牌知名度與轉單率不能同時做到？」其實行銷預算如同理財投資，與其每一支股票只買一點點、每天投放低金額，不如了解自己的短期訴求，集中預算把效果做到最大。廣告投放是一門非常專業的學問，雖然每個人都能親自操作，但數據細節及觸及精準度可見端倪，真正花預算前，品牌要準備的功課還不少。

琢磨問題，累積經驗，運用到實踐

比起別人的創業啟程，劉雅慧的創業之路，從學生時期就已經在開始醞釀了，當時就讀企業管理科系，因參加跨校性的聯合社團、企聯會等組織，認識到不同學校的人，早期大家都會接一些台北行銷公司的案子，慢慢累積自己的經驗。於是畢業後，大家就聚在一起，成立了工作室，接的案子多半都是校園演唱會。劉雅慧負責的則是公關贊助部分，過程中，因為什麼資源都沒有，所以連同如何跟廠商談贊助、如何宣傳，都是自己從頭摸索。

從校園演唱會，一路到現在擁有自己的公司，這中間經歷許多台灣重要的轉換時期。Facebook進到台灣，打破了廣告業的門檻，讓非本領域的所有人都能跨進這個領域。於是，劉雅慧能直接接觸到許多直客粉絲專頁的運營及廣告，像是Mercedes-Benz、安聯人壽等，雖然資源有限，但也因為少了框架的限制，讓你更能專注在可以投資與獲利的地方，並且把身邊所有認識的相關產業，拉在一起去合作，去創造更大的話題性，而不會只是一昧地在大量投放廣告。

對新鮮事物，總是不缺好奇心的劉雅慧，在經營一段時間後，再度跳到另一個全新領域，在鴻海集團下的分公司擔任品牌專案的業務副總，把數位媒體與實體活動結合，執行了許多品牌活動。

像是為保健食品的體驗行銷，甚至還租借北車場域，同時配合周邊的大螢幕同步露出TVC，及找

KOL 來現場直播，讓消費者身歷其境地去線上線下體驗產品，這就是行銷最好玩的地方。劉雅慧說：「我很享受這個過程，看見自己的想法，在碰撞中，終於落地執行出來的那個瞬間，尤其是人，大家的想法都不一樣，會讓你看見，原來面向這麼多元，就算中間過程很辛苦，可是最後的成果，不是任何事情可以比擬的精彩！」

從創業，走進公司企業，最後再度決定離開，回到創業，劉雅慧為的是找回一份初衷的熱情。當時，會對行銷這麼感興趣，主要是大學修的一門事件行銷課程。老師會針對國外行銷事件，然後進行分組討論，每一次都會派一組上台報告，就像是在廣告公司上班一樣，要接受不同聲音的提問。

無論是台下同學或是老師，都會針對報告中的提案內容做出精闢的詢問，過程中非常刺激，要承擔的壓力並不小，原來要能真正落實，必須先經過事件的分析，在層層拆解後，才能看見不同的面向。否則就只是純粹以自己的角度在看事情而已，會容易偏頗與窄化思維，並且在這樣的過程中，就能開始去預估能不能順利執行成功，就像是從未來版本看現在一樣，能從結果導回原因。

所謂的熱情，就是看見想像的一切被落實的感動，而這些，並不是追求數據或是業績所能得到的，因此，為了回歸自己的初衷，於是，劉雅慧再次創業，成立了匯森國際顧問公司。

理解客戶需求，不走遠路

「如果有兩種進步空間的選擇，零到一，或是一到一百，你會想要選擇那一種？」劉雅慧說：「我絕對是選擇零到一，理由很簡單，因為可以學得更多！」她身邊的許多客戶，都是大品牌的客戶，要透過數位行銷的方式，其實可以很容易達到成效，因為這些品牌在網路累積的聲量都非常豐富，並且擁有豐沛的預算與資源可以運用。可是其實還有許多中小企業等品牌，他們並沒有這麼多資源與預算可以做媒體行銷，因此，在匯森國際顧問公司，顧問服務的客群就是這一群中小企業的品牌，以一種半顧問半指導的陪伴方式，去為這些客戶建立他們的自己的數位資產以及累積品牌聲量。

許多客戶甚至對於數位資產的觀念都不是這麼清楚，認為似乎只要把網站架好，這就是數位資產了，對此，劉雅慧有一套屬於自己的方法，為客戶釐清現階段要克服的問題，當客戶來找她協助做數位投放的行銷策略時，她會用健診單的概念，先去看看客戶的網站架構，像是是否有 GA 代碼的安裝？或是建立一些數據庫的搜集？接著會問品牌本身的關鍵字，透過這些去網路做搜尋，觀察在網路上累積聲量的程度，如此交叉比對後，就能診斷出目前這個品牌所面臨的問題，以及最先需要處理的部份是什麼？

往往許多人會認為要衝業績，需要先做的就是衝廣告的曝光，可是，其實，卻忘了重要的還是品牌的內容，如果沒有把基本該負責的做好，那麼，廣告就像是一個放大鏡一樣，只會把不足的部分放大，這樣反而是花了錢，卻得不到實際的效應，還甚至可能會造成瀏覽率下滑的可能，因此，劉雅慧會花許多時間，在與客戶進行討論，就像是陪著客戶回顧自己的創業歷程一樣，去找出那個關鍵的核心，看著他們如何打造品牌，如何設計產品。這樣，才能對症下藥，去做出適合的數位行銷與曝光。

數位資產管理，描繪他人看你的容貌

如何在網路被看見？累積的數位資產非常重要。品牌的數位資產，包含了一切在網路上的文字訊息、圖片Banner、影音視頻、社群網站帳號內容、雲端服務帳戶及其資料、新聞報導、社群評論等等…範圍非常的深且廣大，而有個立基點，就是都是可被收尋的結果，都會進一步影響到消費者的購買意願，所以數位資產管理及操作，對品牌是非常重要的一件課題。

隨數位時代來臨，跳脫以往傳統電視媒體及平面媒體的線性推展，進階成更靈活且需數據支持的行銷漏斗流程（Marketing Funnel）。消費者可能透過網頁中的廣告或是關鍵字搜尋來找自己想購買的商品，然後透過社群媒體報導、KOL 的證言、消費者評論來鎖定不同的網站或銷售通路，而最終消費之，透過的購物經驗和顧客關係維護，再決定客戶是否能二次消費，累績成忠誠客戶。數位行銷要做的事情跟細節，比傳統廣告，多了非常的多層次及數據化。

有效理解的需求：網站健檢、數位資產表

劉雅慧表示，她操盤過的許多外商品牌企業，包含德國精品車商、手機品牌、或是歐系壽險品牌等，因為品牌都有其年度定調，溝通主軸及想法，素材通常能清晰表達產品訴求、符合該類消費者的喜好品味，代理商也有行銷預算，反而是需要轉換文化替客戶，結合文化及思考邏輯文法，選擇落地成合適台灣的內容，獨一無二屬於台灣。

但更多台灣自創品牌的業者，可能是傳統製造業、通路商、業務或原行業背景出身，在產品生產專業上不容質疑，但對於產品的行銷溝通上，及銷售溝通邏輯不是很清楚，不了解廣告投放如同放大鏡，在投放前還有許多官方網站、網路評論、達人推薦、媒體報導等功課需要做，準備好了才能談廣告預算最大化。否則廣告如同兩面刃，會讓客戶看見你的還沒準備好的樣貌，反而留下不好的品牌印

象，花了預算卻得到負面觀感，絕對不是品牌主樂見的。

因此劉雅慧通常會推薦業主先依據匯森提供的網站健檢單、數位資產表做自我診斷，協助客戶將網站基礎架調整及銷售邏輯對標市場，提供客戶在有限的預算下如何搭配行銷策略，短中長期建議，除了數位廣告投放外，也一步步穩紮穩打累積數位資產，創造品牌長期經營的關鍵，自然導流SEO。

傳產轉戰，成功千萬募資關鍵

二〇二〇年最讓劉雅慧印象深刻的案子，就屬台中一家零件製造商轉戰家庭IOT（物聯網）設備，但由於在市場是新進品牌，所以第一次推出產品選擇以募資的方式進入市場，既可以透過提前預購取得銷售訂單，也可以在過程中不斷累積討論度，才有機會為未來新產品推出做鋪墊。

劉雅慧剛接觸到業者時，發現雖然公司內部有品牌部門，但因沒有推動自有品牌的經驗，大家對於決策是否正確都很徬徨，所以雖然建置了百萬品牌官網，產品再4週就要上線，但沒有網路聲量也沒有介紹影片，對於市場而言又是相當新的家用科技產品，消費者認知有限。

有幸負責人對於品牌行銷的態度非常開放，充分授權並支持劉雅慧對於募資專案的規劃，因此從

消費者前測、產品影片拍攝、媒體報導、達人開箱、使用者見證，讓這個全新品牌、新概念產品，可以一戰拿下近千萬訂單，同預算下超越銷售目標150％，成果受到者高度肯定。

喜歡各種新想法的劉雅慧，非常擅長做異業整合與線上線下串聯活動，二〇一九年她拿下Motorola新品推出行銷案，因為知道Moto在高階手機市場屬於二線品牌，因此活動策畫一定要噱頭十足，結合當時的全民休閒運動「夾娃娃」，並且與智慧機台、悠遊卡支付等多家廠商眾人之力，在北中南展線上線下串聯活動，才有機會被媒體關注、引起話題並促使消費者行動，讓新產品進入消費者視野。

帶入新想法，精準提問

劉雅慧提到「做行銷行業這麼多年，我身邊有好幾家客戶都成為好朋友，最久的外商品牌合作超過10年，每年幫他們想亮點、結合當下最新潮的應用，例如Line動圖、AR、創意濾鏡等等，也需要督促自己可以隨時保持對產業動態的掌握，雖然充滿挑戰但讓我很有成就感，說不累是騙人的，但我後來發現，最後這些能力與人脈都累積在身上，比起十年前我更游刃有餘了！」

這些合作品牌看見雅慧最擅長的能力，就是「舉一反三」、「邏輯清晰」，非常能夠站在品牌主的立場關切目前該產業的動態，競爭品牌做了哪些事情、產品特點怎麼述說最被買單、受眾的生活樣貌和喜好，讓這些公司如同多了一位品牌長，總是能將新想法帶入，卻又時時傳遞品牌精神。

劉雅慧對於客戶提問方式有一套方法，她知道客戶有時候需要兼顧執行時間、內部提案、主管喜好等等，所以新提出來的案子可能都已經在心裡百轉千迴、猶豫再三，但有時候反而偏離了主要目標，她說「我對老客戶提問都很犀利，但他們也都理解，知道我是站在品牌立場，希望每一筆錢都花的精準有效，每一個策畫都能超越目標。對於行銷提案來說，提問技術是非常關鍵的，幫助我在短時間內掌握客戶的最終需求，越快找到關鍵點就能直取客戶信任。」

Chapter

04

創業是一種生活方式的選擇

方向比奔跑重要，選擇比努力重要，重點不在獲得什麼或付出什麼，而是經歷的過程中，變成了什麼樣的人。再現新創女性的生動故事，分享了她們如何起步、如何自我衝撞、如何打破現實的界限、挖掘各種可能與商機。

洪巧芬

晰穀

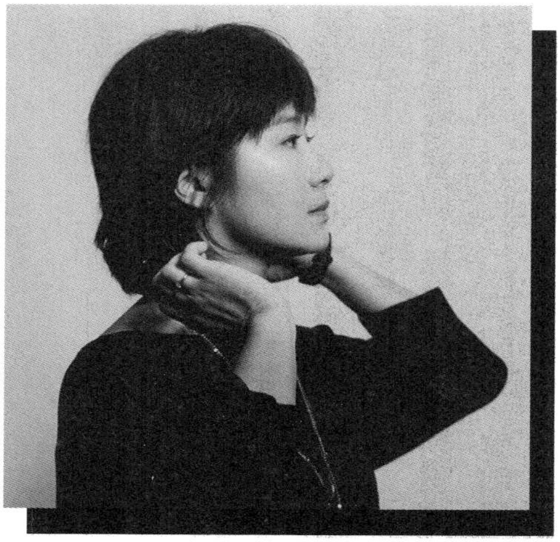

專精於穀類配方。挑戰「健康的食物總是不好吃」的觀念，研發出根據各穀物之特性調配的不同口味穀米配方。晰穀就是為了解決現代人的困擾，創立兼具傳統雜糧行的專業，再加上現代科學精神的溝通語言而產生的品牌。

創立時間｜2018
產品｜穀物配方／囍米訂製
主要客群｜不熟悉傳統買賣環境；不了解米跟穀類；希望兼顧美味、安心又健康的現代人。

在別人的地圖上找不到自己的路

理工背景出生，在台灣這個科技島上，進入高科技產業，成為科技新貴是理所當然的決定？放棄穩定薪水收入很可惜？人生是一連串選擇的結果，但態度與精神不論在什麼產業都可以獲得累積。洪巧芬頂著台大碩士的學歷，十年外商的資歷，卻發現在別人規劃好的地圖上，找不到自己的路。什麼樣的契機讓她勇敢轉身，視創業的辛苦甘之如飴？把面對科學的功夫花在真實食物上，實現自己的夢想，同時扮演好「媽媽」的角色，在人生的天平上取得平衡。又是什麼樣的巧思讓她翻轉古老的傳統產業，成為一個利己利他的行動。

期待，是別人的事還是自己的事

投入創業前，巧芬在一家科技公司外商打拼了很長的一段時間。回憶過去那段時光，每天有忙不完的既定工作外，信箱內隨時有新信要及時回覆，她大笑說：「約略計算，每天應該有上百封轟炸信。裡面有一半會標示『緊急！』、『asap！』」。在外商公司工作的另一個挑戰，是需要不定時的配合外國同事，在台灣的深夜時分參與線上會議。尚未結婚、孩子也還沒出生之前，全心投入工作，也在忙碌中得到優渥的待遇，那段日子過得理所當然且美好。

因為爸爸在科技業任職高級主管，「從小爸爸就教育我們，理工科堪稱是台灣唯一有希望的未來。」照著父親的期待，走過一段不算短的路程，她從中更認識自己，更知道什麼樣的未來符合自己的渴望。

台大畢業、進入外商，如果繼續堅持一段時間，應當是可以有更好的職銜與收入。然而，她也看到自己性格中深藏著不羈與叛逆的因子，這些幽微又確實的存在總是隱隱作動，鼓舞著她做出一些不同的決定。

冒險也需要計畫

若說性格中的小小叛逆讓創業的夢想早就在巧芬的心中生根，進一步讓夢想發芽茁壯的養分則是來自於家庭與孩子。

巧芬公公開設米糧行，一輩子以販賣各種米、穀、雜糧維生，也以此養活一家子、栽培小孩長大。常聽先生和她說起小時候的成長點滴，她記得：「老公總是跟我說，小時候爸爸都一直『脅迫』他要認真念書。因為要賣米麥雜糧，進貨時都得自己扛著一包又一包超重的貨物，老人家捨不得小孩長大後也跟他們一樣都得做很粗重的工作，希望小孩多念書，出社會就在辦公室工作，輕輕鬆鬆的。」

隨著公公的年紀越來越大，老人家原本盤算把米糧行收起來不做了，這樣的計畫反倒讓巧芬覺得很不捨，她說：「這是爸爸一輩子的心血，就這樣消失了好可惜！而且你想像一下，巷口就有一家米糧行，需要時就可以來店裡買自己想吃的米穀，好像是一件有點浪漫的事。」心想試試看吧！改變很多時候是需要一點衝動、一點冒險才有機會開始的事。

希望讓米糧行繼續存在成為巧芬的秘密計畫，她先鼓勵先生回來傳承家業，當先生接下事業後，接著實現自己的夢想，「我們從各自原先的工作離開，回家一起努力。由先生負責實體店面的經營，我除了幫忙顧店外，也另外打造一個網路品牌，讓家裡面販賣的商品有機會讓更多人吃到。」

這並不是一個天馬行空的計畫。原來的米行，除了零售米穀雜糧，主力在供貨給附近餐廳、攤販等營業用途。巧芬看見高齡少子化會使得零售漸漸萎縮，市場由精緻小量客製的品牌替代。因此分工上先生負責原來傳統營業，自己則投入網路品牌、研發新產品。傳統與創新並進，來因應時代的變遷。

除了實踐理想，也在從無到有的過程中，去領會「握緊的雙手什麼也抓不到，鬆開雙手，得到的可能比原先還要更多。」想要傳承上一代的畢生心血，促成改變發生的最重要因素則是那份對於家人的愛。離開科技業的前夕，巧芬的大女兒在滿滿的愛與期待中來到世上。多了「母親」的身份後，想要付出最多的時間和精力陪伴孩子長大，就是每位媽媽共同的願望。

縱然理想中想要多花點時間陪孩子，但以當時工作忙碌的程度，這顯然是個難以達成的奢侈願望。她說：「其實我大學畢業時就已經想要創業了，既然已經想了這麼久，何不趁現在大膽的試一次呢？」

在打造「晰穀」這個專於網路上販售米、豆與雜糧的品牌時，她也將過去生活的足跡融入品牌名稱，巧芬笑道：「仔細聽，『晰穀』和『矽谷』兩者間的發音是十分類似的。過去我在科技業工作，用這個最能代表科技業的名稱來做隱喻，不但代表了自己，也代表品牌想要傳達的科學精神。」

從科技新貴到米糧行老闆娘，巧芬在愛中為「叛逆」做出另一種新的詮釋。在她身上看到的叛逆，並非大家成見中總是為非作歹、到處惹事，也不是一味無理的忤逆抗拒父母所有的安排，她讓人看到，走在既定的成功道路上很好，然而若是偏離主幹道，轉往小徑上兜兜轉轉，沿途其實別有一番美好風景，「若是願意嘗試，每個人都能在既有的基礎上，找到更多不同的可能性。」

除此之外，既然「晰穀」是為了陪伴女兒成長而誕生，在品牌發想時除了融入矽谷諧音。另一個心意，則是使用女兒名字中的「晰」字作為命名，她說：「孩子出生後，當媽媽的總是想把一切最好的都給孩子，自然也希望她能從小就在健康飲食中長大。」

實現想法是一種能力

以行動將「健康」從理念成為實踐，巧芬在選擇米麥雜糧時首重不含任何人工添加物，也盡量減少不必要的加工程序。越接近原始狀態的全食物，對身體帶來的 傷害越少，也保留食物內更多的微量元素與營養素，不但能安

心食用，更有益健康。

另外，巧芬想要挑戰「健康的食物總是不好吃，好吃的食物總是不健康」此種多數人抱持的成見。自己開店賣米糧的這幾年來，客人提出的問題千奇百怪；雖然願意為了身體健康開始吃五穀雜糧，不過，享受美食這樣的天性也就成為尋求健康時的掙扎。

她常聽到客戶問：「每次煮雜糧都超硬的，怎麼煮都煮不軟。勉強吃了口感也很粗，實在不好吃。」有些人甚至想把手邊有的五穀雜糧寄給她，請她幫忙煮、幫忙試吃，想要鑑定一下到底不好吃的問題出在哪裡。

巧芬說：「我很誠實跟他們說，我也不清楚問題在哪耶。因為我不知道他們進貨的原料是什麼、有哪些品種，這些細節都是影響最後米飯口感的關鍵。」

俗話說「因材施教」，將這樣的概念移植到產品開發上，為了讓大家能輕鬆方便的吃健康、也好吃，在產品設計上，巧芬除了著重讓烹調的流程簡化與直覺，她也考量到不同族群在咀嚼時的牙口能力也有所不同，特別為老人家、女性、小孩個別設計了適合的產品。

喜累摻半的溫暖時光

創業後，巧芬如願的擁有自主安排工作時間與地點的自由，不過，也因為是新創公司，所以她也得「校長兼撞鐘」一手包辦晰穀營運的大小事務。接單、出貨、回覆顧客的疑難雜症，成為每天工作的日常。雖然米麥雜糧雖然是非常古老的商品，然而，似乎仍有許多人對於天天入口的主食感到生疏。巧芬說：「大家都知道要在家自己煮比較健康，可是生活實在是太忙了，連廚藝都不生不熟了，遑論要分清楚各種穀類的不同。」

確實，若眼前同時出現白米以及各類不同穀物，一時間除了指出「這是白米」外，其他大概都是一問三不知道的狀態。可是，巧芬的大女兒從小就在米麥雜糧的環繞下長大，也因此培養出了識貨的好眼光。

現在大女兒已經開始上學了，學校的同學每逢生日都會帶著各樣好吃好玩的禮物與大家一起分享。在女兒生日前夕，巧芬原先打算準備好幾項糖果餅乾讓女兒和同學一起慶生，沒想到女兒竟然跟她說：「媽媽，我不要帶糖果餅乾。我覺得我們家的雜糧飯超級好吃耶，可不可以帶這個好吃的飯給班上同學一起吃？」

對於孩子的異想天開，巧芬雖然大笑回應，「班上同學才不會想在慶生會吃雜糧飯！」但她卻對女兒的童言童語感到非常欣慰，知道自己投入的事業獲得孩子們認同，在備受呵護環境下長大的女兒，從小就培養了良好的飲食認知與習慣。

除了從孩子口中得到了莫大鼓舞，另一個讓巧芬深受感動的經歷，則來自一位女孩的故事與感謝。有天晰穀接到一位女性客戶來電詢問，「能不能緊急訂購一批伴手小禮，可以的話，願意自行到店取貨。」看在客人真的很著急，態度也很誠懇的前提下，即便往常作業流程都是接到訂單後才著手準備，理論上需要較多的出貨時間，巧芬仍願意接下急單，特別在週末加班趕貨。

當客戶在約定的時間前來取貨時，巧芬和客人聊了起來，一開始只是想知道她這麼著急的原因，也順便做一下市場調查。沒想到，女孩竟然說，這些包裝好的禮物是要在母親告別式後，分送給前去致意的親朋好友。

女孩娓娓道來，她在找尋母親告別式紀念物的波折歷

程。為了紀念母親的離去，希望留在眾人心底的不是悲傷的眼淚，所以不打算送擦眼淚的毛巾，而想要以穀物象徵的生機，代表遠行的母親想要讓眾人感受溫馨和祝福。洽詢了許多家囍米業者，對方全都回絕了這樣的請求，多半覺得給喪禮用的米感覺不吉利、觸霉頭，也有業者不客氣地說「才不接這種訂單！」

聽完女孩的故事，讓巧芬的內心滿是溫暖的感覺。也許，他人看起來是不吉利的喪禮業務，換個角度，就能看見那份想要向家人們傳達的暖心巧思。這份在告別式上分贈的禮物被命名為「祝福特調」，象徵著每個人的生命中都有獨一無二的故事。巧芬表示，只要是值得紀念的時日，都是晰穀看重的大日子。她深信，只要帶著善意，天天都是吉祥的好日；她也很高興有機會替這位女孩加班，祝福女孩和她的家族往後一切順利。

走過外商公司忙到昏天暗地的日子，也走過兩個孩子接連來到世上，讓人同時面對照顧新生嬰兒、小小孩和事業的生活。面對各樣的挑戰，巧芬不願意輕言放棄的性格總讓她歷經一次次的蛻變後，找到自己最喜歡的生活與樣子。

若說長輩們總擔心孩子過得不好、工作不體面，然而從最前端的科技業自發決定要回到最古早的米糧販售，巧芬認為只要帶著心意和巧思出發，再結合當代特有的資訊科技工具，老產業也可以有新價值，「做好生意也好好照顧身邊的家人，其實是個利他也利己的選擇，同樣價值非凡。一家人共同守護的事業，讓家庭關係更緊密。」

何佳燕

HerAttitude 女性創業支持與發展協會

發揮女性特有溫暖共好精神，以過去累積的經驗與專長，帶來不同的創意與串起許多意想不到的連結，讓創業的壓力找到出口，同時陪伴女性創業者充滿熱情地在艱辛的創業路途上勇敢前進。

創立時間 | 2020
其他品牌 | Glowing 為自己閃耀社群創辦人
主要客群 | 女性創業者，無論個人型態或企業型態。

和志同道合的友伴
一起奔跑在理想的路上

創業不易，其中的忙碌、焦慮及冷暖恐怕只有創業者自己清楚。許多人都正在經歷一些生命上的轉折和波瀾，壓力與情緒只能獨自承擔，一直處於緊綳的狀態。所以更需要有人理解、傾聽與陪伴，知道自己並不是孤單一人在經歷這些事。

慢下來聽聽自己的心

畢業後投入職場沒幾年，正逢網路新紀元爆發，佳燕和朋友創立網路製作公司，幫大小公司架設官網與行銷規劃。接著因為個人對於美妝保養的興趣，創立了 Buy 家女享樂主義 女性美妝保養網站，希望讓大家知道美妝保養品的實際體驗，開始寫試用文章，累積了近十萬會員，當時最輝煌的成績，是以個人之姿登上當時網站指標 ARO 的女性類別第三名，也獲得 Pchome 電子報女性時尚類別獎項。

個性灑脫的佳燕覺得：「人生像是巨大的遊樂場，在裡面可以不斷實驗，去碰撞出想要的樣子。」同時，這也呼應了 HerAttitude 臺灣女性創業支持暨發展協會的創立宗旨，創業是一種實驗，是市場的試驗，更是人生的試鍊。無論如何，重要的是跨出第一步。

隨著時代的變化，結束原來的公司，佳燕轉到百大企業擔任擅長的行銷工作，隨著人生的變化，進入結婚、生子階段……每天疲於奔命，回家後，只能看見孩子熟睡的身影，連說句話的機會都沒有，她開始反思這樣的生活狀態，似乎有點失衡，工作的意義是為了讓自己與家人過更好的生活，可是如今，工作以外的所有，都距離自己越來越遠。

同時佳燕也觀察到，職場上女性角色，尤其是職業婦女這個角色的難處。因為女性所要面對的問題遠超過於男性。前公司有個經典案例，某同事的孩子腸病毒，想要請假，卻被主管駁回說：「為什

麼不直接給保母處理就好？」主管不懂，保母不是每家每戶都有，也不知道孩子生病時父母的心情，就是少了那麼一點同理心與支持。身為媽媽的佳燕深有同感，同時也想，如果可以把大家聚在一起，多份同理，讓每個人彼此信任、互相支持，會不會讓這些女性更有動力地往前走。

直到生了老二後，決定以育嬰假的名義請假半年，試著改變現狀，用另一種方式調整生活重心，並觀察自己能不能適應這樣的改變。其實這對習慣忙碌的佳燕來說，是個莫大的挑戰，雖然多了很多時間陪小孩，可是又會覺得是不是該再做點什麼，但假如又讓其他事分散了精神，似乎又陷入過去的循環，釐清自己真正要的之後，決定提出辭呈。

離職後，馬上帶著孩子與媽媽去日本自助旅行，以往要休長假並不容易，如今擁有了這樣的時間，實現自己與家人的心願，那種開心無以言比。佳燕說：「其實，人很容易搖擺，擔心很多，到頭來那些煩惱的，根本都不會發生。」人生的際遇，不會只是一個階段的結束，當關上一扇門的時候，下一扇門早就悄悄地開啟了。

離開公司後一年，總是無法停止前進的佳燕，加入了一個女性共同工作空間，在那裡認識了同為行銷人與媽媽的 Vita，她們發現女生與男生最大的不同是在於懂得共享，無論在生活或是工作上，比起男人解決問題的理性思維，女人更願意談論與分享。

可惜的是，女性共同工作空間因為私人問題決定要結束經營，佳燕和 Vita 因在這裡認識到許多正在創業中的女性夥伴，她們不想要這個空間消失後，讓這些人的凝聚力消失，所以決定創辦一個 Glowing 行銷群組，每兩個月就會舉辦聚會，像是教如何廣告投放、行銷運用，或是邀請各路專家來做分享，陪伴大家在創業的路上一起並肩前進。

用想要的方法，做想做的事

慢慢地，佳燕認識越來越多女性創業家，在聊天的過程中，越來越了解每個人所遇到的問題，與所需的資源，所以為了讓彼此之間，透過不同的可能性，去產生對彼此最大的協助，於是，就和 Vita 以及其他創辦人，成立了 HerAttitude 臺灣女性創業支持暨發展協會。

支持，是協會的核心理念，因為女性這個角色，常常得面臨許多不一樣的問題，尤其是有了孩子之後，作為母親，不知不覺會以孩子為重，稍微一個不小心，就會忘了自己，雖然要能在工作與家庭間達到平衡，是不可能的，但至少在這過程中，要能夠找到自己的定位。

在協會裡面的會員，許多都是已婚且有小孩的，但在她們身上，你看到的不只是一位母親的偉大，還有自己朝著夢想打拼的閃亮，在她們背後，肯定要付出更多，才能達到要的方向，而協會希望運用自身的力量，去給予每一位會員，一份穩定的支持，讓她們知道，勇往直前的路上，並不孤單，還有這裡，正在支持著妳。

協會的價值在於群聚團隊的重要，無形中就是一股強而有力的凝聚，把大家緊緊地拉在一起，因為一個人的力量有限，可是如果大家的目標是一致，同心協力的話，那麼就像是航行於洋的船隻，不只能駛得快，還不會偏離航道。

再來就是行動力，許多人都有很多想法，想得多做得少，但從來沒有實際付出行動，好像怕受傷似的，不敢去試看看，其實嘗試沒有很難，難的是有沒有跨出第一步。佳燕提到之前在Glowing群組裡，有人說：「KOL好好賺，拍了片就可以拿很多錢，真好。」於是，佳燕立刻安排場地跟設備來試拍影片，結果拍完後，每個人都投降了，不只影片內容要發想，還要剪片等，光是這些事情，就要耗費多少時間，原來，當實際執行後，才會看見細節的難易，以及自己對這個領域，到底有沒有興趣。

態度決定了一切，關鍵在於能不能堅持下去。佳燕目前觀察到一些品牌面臨到的共同問題，每個品牌都很會做自己擅長的事情（產品），可是這些產品，如果沒有被看見，就失去了意義，而要被看見的前提，就是必須有規劃的曝光，小到像是一週固定發文幾次等，假如沒有持之以恆就無法累積出成果。

參與彼此的未來和夢想

走了一圈，經歷過許多抉擇，佳燕回顧自己的生活，開始發現自己想要的輪廓越來越清晰，雖然或許，常常還是會忙於工作，但至少並不錯過孩子的成長階段，無論是日常的陪伴，或是學校的活動，她都能出席參加，其實，這一個小小的舉動，看似影響不大，卻已經帶給孩子無比的幸福，記得有一次，孩子告訴她：「媽媽，我很開心你常常來學校。」當時她才知道，原來孩子要的並不多，只是一個簡單的陪伴。

在工作面，佳燕同時看好近期熱門的 MarTech，未來數據與科技將更廣泛地運用在行銷上，是一個結合數據與技術的行銷時代，行銷者不能只是會憑經驗或感覺規畫活動、策略，更要能實際運用數據在現行規劃或者預測趨勢，讓行銷執行能夠更落地。

也許將來不久，就會橫空出世一個比 GA 更厲害的分析工具。同時跨境行銷與運營，也是佳燕未來事業經營的重點之一，未來國與國之間的界線將更加模糊，行銷者需要將眼光放到台灣之外的國際市場，運用不同渠道、平台、技術等，以符合當地民情進行行銷操作，也是一個相當值得拓展與深耕的領域。

人生每個時期不同階段，都有許多要面對的問題，現在最大的改變，大概就是賺不到那麼多錢了！

可是佳燕的臉上充滿幸福，因為多出了時間能煮頓飯給家人吃，還擁有了生活的選擇權。能決定每天的行程，以及想做的工作。身邊聚集了一群互助互好的夥伴，就像HerAttitude臺灣女性創業支持暨發展協會，由自己的態度延伸與聚集想要的生活圈，然後堅持自己的熱情，不放過任何一個可以嘗試的機會。

Her Attitude Initiator
On my way
Show my attitude
To be proud of being a female business founder
Chris
Glowing

林　澂

康寧老人長期照護中心

從關心老年人的情緒開始，細心呵護所需的身心關懷，拉起照護之間的橋樑，並推廣在地老化，讓長者走入照護中心，不再需要遠離家鄉，就像搬進隔壁房的自在，給予高齡者不一樣的晚年想像。康寧老人長期照顧中心亦是「最年輕的老人照顧中心」，期許透過創新的經營理念來翻轉社會對長照機構的既定形象，也讓更多人才看到就業前景。

創立時間｜2015
產品｜長照事業
主要客群｜以 50 歲以上的長照需求者為主要客群

實踐「在地老化」的初心
耕耘長照、照護長輩

每個人的心中，總是懷抱著許多的夢想。對人生、對工作、對學業、對家庭，我們都帶著各樣的期待，希望事情能順心如意的朝自己想要的方向發展。

那麼，對於「老去」這件不可避免的事，你的想像是什麼？林溦說，在她心中，美好的老去是不管年紀再大、不論當下的身體與精神狀況如何，仍能生活在自己從年少到年老都很熟悉與舒適的環境。慢慢老去，雖是生命必經的旅程，然而「一個人的老去」卻能藉著有系統、有計畫的安排，遠離孤獨。

勇敢作夢，大膽實踐

79年次出生的林溦，是康寧老人長期照顧中心的負責人。有關「老去」的具體想像，得要回溯大學時期雙主修的社會福利與心理專業，社福系帶她走入了老人福利與長期照護的世界，也讓她在畢業後藉著在業界工作，很快確認了自己的方向。

她說，雖然只有短短一年在其它照護機構擔任社工，卻藉此擘畫了對於未來的職涯想像。「我知道，自己對於對於老年福利及長者照顧的工作是帶著高度熱誠的，再加上我的個性一直都是很能獨當一面，也喜歡自己做決策，這讓我知道自己得走上創業之路，才能完整的擬定方向、做出決定，落實每樣構思中的計畫。」

帶著對於創業並照顧他人的滿腔理想和熱情，這時林溦想著：「既然要親手打造一間公司，那我要往最難、最邊緣的行業走去，去關心照顧那些弱勢且有需要的人！」在二十三歲的那年，憑藉著既有的專業之能，再加上不斷的努力和嘗試，「康寧老人長期照顧中心」正式誕生，靜靜坐落在台北市大安區的一角。

每件事情都早他人一步決定與實踐的林溦，不只是很早就決定要擁有自己的一番事業，她也比同年齡的女生早了許多結婚，在大學畢業後就隨即與另一半邁入人生下個階段，攜手工共組美滿的家庭。

當康寧正在長成林澂心目中理想的樣貌時，她還懷有身孕。同時成為一位媽媽再加上成為照顧機構負責人，也讓她感受到新生嬰孩與高齡長輩二者之間的共同特質，進而也啟發她對於長照有了更多的思考與看見。

林澂看到，照顧老人家與照顧小孩子，兩者間有異曲同工之妙。不論是初生或邁向終老，在年齡光譜兩端的族群都會很需要照顧或協助，也都期待照顧者能與之互動、回應需求。

為要讓照顧資源用在最需要的地方，林澂思考著，好的長照機構應當不只是供吃供住而已，更重要的是「看見一個人」；要認識每一位來到機構的阿公阿嬤，也要能真的去關心每個人的情緒和感受。

雖說照顧孩子可以看到他們從起初的什麼也不會、什麼都不懂，漸漸的在長大過程中變得越來越懂事、越來越走向獨立的過程。相對的，照顧長輩，則是會去看到「日漸老去」在生命進程中帶來的影響，老年人的身心會隨著時間越來越脆弱，此時，就也會需要更多的照顧。

為長輩保持過往的生命和情感連結

許多年前，市面上出版一本名為《反脆弱》的書籍。該書作者主張，脆弱的反面並非堅固，而是種稱之為「反脆弱」的狀態，能幫助人在被攪擾、面對各樣負面事件、身心狀態都很孱弱時，反倒變得更強大也更兼任。

得到恰當照顧的長者生命也當如此，老當益壯，越來越能面對歲月帶來的風霜，也越來越能讓年歲帶來的智慧發光。因此，林澂在設計長照中心的照顧模式時，選擇降長輩能「在地老化」作為最重要的任務。

因著還留在自己熟識的社區，就算長者搬近照護中心，感覺上都只為是「我多了個自己的房間」而已。既有的家庭成員、親朋好友仍是圍繞四周，不同的指示找到了一個更適合自己生活起居的地方、有專人協助生活中大小事務的需要。當生命垂老到需要安養中心的照顧，其實這也代表著生命已經歷練了足夠的厚度、充滿故事，值得好好聆聽。

康寧就設立在大安區的國泰仁愛大廈裡面，每位長者來到這裡之前，都是當地敦煌里的長輩。入住前仔細的會談評估，甚至事預先到個案家中拜訪，都是要建立對於長輩與其家屬的深刻認識。

有許多的訊息總是存在於弦外之音。當我們實際走近長輩們的生活環境，才能真正看到他們的習慣與需要。以實際經驗來看，林澂舉例，「有次在一位長輩家中，看到許多很講究的咖啡沖泡器具與不同的咖啡豆，讓我們了解到長輩可能每天都有品嘗咖啡的習慣。還有一次在女性長者家中，看到他們家廁所的馬桶在高度上有著與眾不同的設計，這就讓我知道要多加討論與準備，以便讓長輩們能在生活場域的變動上，可以有最順利的過度。」

另一個深植於心的故事，則是有次林漵照例到個案家拜訪。在進到將要入住的阿公房間後，只見地上鋪滿了看護墊，這讓她積極的發問、討論，「這位阿公的孩子告訴我們，『爸爸長期有尿失禁的問題。』因著已經反覆清理到無能為力的程度，讓家人被迫選擇這種應變方式。

每位長輩在家中的生活實況，再加上子女們的說明分享，都讓人看見兩代之間深深的羈絆，也提醒照護機構的專業工作者，在照顧上需要注意的細節。林漵說，知道每個家庭不同的擔心，就能事先準備，對此做出最好的回應。

此外，她也會與兒女們約法三章，家人們要能每天都過來探視一下自己的爸爸媽媽，若是真的很忙或臨時有事沒辦法親自過來，也請他們至少打個電話和長輩聊聊，關心爸媽一天的生活或心情。

子女和親友就圍繞四周，除了探視方便的優點外，另一個好處是可以協助長輩延續過去的生活細節與偏好。同品牌的衛生紙、同個口味的點心、習慣的衣著剪裁與質料，都將是讓人在轉換環境後持續感到舒服與安心的關鍵，林漵認為，讓安養中心與家屬們一起從最小的事情做起，「讓每個人來到這裡後，都知道自己和家庭的連結沒有被硬生生地中斷，子女、兒孫都還是很愛他們，對爸爸媽媽、阿公阿媽的關心不會改變。」

有時，藉著一次次詳盡的會談，除了讓林溦對於接待每位長輩有了更好的準備。有時她也會在談話中察覺，有些長輩未必需要入住照顧機構，抑或案家能有其他更合適的選擇，此時林溦則會發揮善盡轉介的職責，提供照護資源訊息、養護機構名單給家屬，務求讓長輩們能得到最適合也最需要的老年照護。

知人善任，打造強棒工作團隊

除了細細找尋與康寧照護理念契合的照顧對象，林溦在找尋工作夥伴的路上，同樣也是慧眼別具。因著年輕敢衝的優勢，讓她在徵聘人選與經營管理上，沒有被任何的陳年舊習所束縛。她說：「我不喜歡那些既定的死板模式。老年照護工作雖然是很邊緣的產業，但也因為這個『非中心』的特性，我認為可以做出更多的彈性與變化。」

「照顧品質」是林溦放在心中的首位。深知「品質」不可能在又要馬兒好，又要馬兒不吃草的情況下完成，因此她選擇召募足夠的人才，讓每位員工需負擔的照護比得以減低。接著林溦也妥善利用當代資訊科技，讓各樣流程都能有效的系統化與智能化。

有了足夠的人力，在康寧的每位照服員只要在一個小單元內照顧八位長輩。每位長輩的狀況都隨

時在關懷的視線當中，如有任何需求、任何的不對勁，也都能以最快的時間協助因應。林溦提到，譬如說在一個單元的房間內，有一位長輩需要協助更換尿布，當照服員忙著清潔和更換的時候，如有另一位長輩可能是東西不小心掉了，或者多咳了幾聲，我們都會知道：「噢！還有另一位長輩有需要。」在前一件事情忙完後，就可以馬上再接著去關心和幫忙。

為了留任人才，絕不虧待夥伴們在收入上的需要，給予好的福利和薪資。同時，康寧也力行「不加班文化」，只要下班時間到了就可以離開。林微笑說，「不論誰負責的工作是什麼，都請好好休息。」每位夥伴的休假期間，不需要回覆任何工作上有關的事務，都等上班時間再行處理吧！

對於林溦來說，她認為自己的角色才是需要隨時承擔工作壓力、應付一切緊急需求和不足的人，「既然我是康寧的負責人，有突發狀況或缺人手忙不過來，應當都是由我補上才對。」

雖然天生性急，會讓林溦隨時對於工作有許多的發問和需求，但她仍選擇，只要求當班時的人負責回應，若是超出了員工可以負責的範圍，則由她親自出馬去聯繫和找尋答案。

林溦對於員工們體貼的心意，在外籍看護工的休假制度上更是顯露無遺。她提供了這群遠渡重洋來謀生的移工們高度彈性的假日安排，可以依照養護中心的工作期程，於淡季放個較長的假返鄉探望。

在善待員工的同時，林溦也是卯足了勁督促自己，開業的每一天，無時無刻都堪稱是處在戰鬥的狀況！為了能隨時應變工作上的各種需要，康寧成立後的第一年，林溦全天候待在機構，讓自己習得紮實的護理知能與照護技巧，不論是人們在步入老年後的生理狀態與心境，還有怎麼管灌餵食、怎麼放尿管、老人家常吃的藥有哪些、藥物的做用和機制又是什麼，悉數在她的學習清單當中。

打破傳統，不要怕做沒人做的事

「康寧老人長期照顧中心」自二〇一五年開始營運，回看這五年來走過的篳路藍縷，林溦認為每位女性都有獨當一面的潛能，她認為「即便走入家庭、成為人妻或母親，我們都還是有無限的可能性，不是只能安靜的成為家庭照顧者。」

帶著從婚姻與家庭中累積的歷練與智慧，讓林湤在這個與人息息相關的長照產業中，能夠更悉心與仔細地察覺當中的每一個需要。她說：「例如我們照顧過一位失智阿嬤。起初阿嬤是由兒子和兒媳奉養，不過夫婦倆自己開店，所以沒辦法隨時回照顧應媽媽。」

當這位失智阿嬤的病情越來越嚴重，開始會不斷的遊走、大小便失禁，都讓阿嬤的媳婦在照顧時產生極大的困擾。再加上失智長輩在思想和行為上常會有很多固著點，可能總是想著小時候的事、或是卡在某種瞻望的狀態下走不出來，都成為壓倒家屬的最後一根稻草。

此時，因著林湤讓失智阿嬤來到康寧接受照顧，機構內有社工、營養師、照服員等不同的專業，人力也很足夠，就能有效的分散照顧壓力，也讓阿嬤的身心都被照顧後，整個狀況就穩定了許多。

而在照顧他人的同時，林湤也不忘聆聽自身發出的訊息，照顧好自己的身體與心理。此時大學心理系的學習就派上了用場，幫助她好好察覺自身的需要、做出調整。同時，林湤也感性的道出對於家人的感謝，讓她在偶爾忙不過來的時候，成為幫忙照顧孩子們的神隊友。

長照產業的創業之路越走越穩，林湤說，過個幾年，當她覺得時機成熟、自己也準備好，讓事業體系更加擴大，是經營者心中共同的目標。然而，好的大環境，需要從最根本的事情做起。林湤希望能先用更大的力道推動台灣長照政策的改變，讓相關方案能變得更友善、更便利。

在目前，可以根植於社區的小型住宿型老人照護機構正面臨著最在地，卻又最被邊緣化的困境，她說：「可以讓長輩們就近安養的小型養護中心，正面臨接連倒閉的危機。這讓長輩們一床難求、都只能遷居到離家甚遠的地方，才得以接受機構的照顧。適當的政策，應該是幫助這些小型機構有能力在當地長出來，成為『在地老化』的幫助。」帶著長期不變的熱忱、再加上十足的能力與動力，林澂將在長照領域中持續耕耘、發揮自己更大的影響力。

莊惠珺 & 高蓉琦

電電租

透過共享經濟，鼓勵大家出租家中閒置家電，不僅能達到資源共享，更能讓物件充分被利用與愛惜，重建人們愛物惜物的簡單生活，打造一個善的循環模式。

創立時間 | 2017

產品 | 家電出租共享媒合平台

主要客群 |

租客 - 有暫時性需求、購買前試用需求的消費大眾及商用需求的公關、活動行銷、廣告、電影電視製作公司、學校…等企業單位

電租公 - 有閒置家電資產活化需求的大眾或家電品牌商、代理商、經銷商及二手家電商

從日常中挖掘商機
生活服務經濟發酵

當消費者的生活型態與習慣改變，各行各業必須因應變化進行轉型，並透過新的模式導入維持運作與獲利，掌握數位科技工具，串聯線上及線下的行銷模式，貼近消費者需求，持續創新加值，創造更大商機。

以租代買的新生活提案

「春節快到了，要開始大掃除，想用看看功能強大的吸塵器整理家裡，不知道哪台好用？」、「要準備過年了，玻璃窗厚厚的灰塵，看了很不舒服，很想趕快擦乾淨。」年前的電電租最常被詢問這些需求，平台上的熱租家電：吸塵器、擦窗機器人及娛樂遊戲機（Switch、PS4）提供了大家租用的選擇，即時救援過年大掃除也滿足春節闔家歡樂的娛樂體驗，另一方面，出租家電的人不僅活化家中閒置家電，還可以賺點零用錢，特別是在過年前為自己賺點小紅包。

近幾年來，斷捨離、簡單生活的概念受重視，大家對於物品的擁有感逐漸減弱，愈來愈多人感受到簡單生活的幸福感，兩位全職媽媽莊惠珺（惠珺）和高蓉琦（蓉琦）意識到家庭空間規劃的重要性，整理掉許多用不到的物品，發現家中有許多家電被使用的頻率並不高，甚至沒用過就在角落生灰塵，於是，利用活化家中閒置家電賺外快的方式，創立全台灣第一個家電出租共享平台 - 電電租。

電電租平台來自共享經濟的靈感，透過家中現成家電，增加額外的收入補貼家用，鼓勵大家少用的家電以租代買，常用的家電試用後買，減少衝動購買後的資源浪費。

從全職媽媽搖身一變成為新創事業的發起人，推廣「使用權代替擁有權」的觀念，同時也讓自己、家庭及環境都變得更好。「電電租 - 家電出租共享平台」的創辦人莊惠珺和高蓉琦在事業上的初衷與

理念、勇敢實踐的行動，令人眼睛為之一亮。

享受品質，友善環境

「電電租」是全台灣第一個提倡，主張當人們購入各項家電產品後，除了自身使用外，若有閒置時段，也可以租賃的方式短期租借給其他有需求的人，讓物品物盡其用並發揮額外的經濟價值。

身為全職媽媽的惠珺，日常中最多的時間都是在照顧小孩、打理家庭。然而，心裡總是還想創造些什麼，因此，在二〇一六年和蓉琦一起報名財富方舟的財務自由實戰課程，透過參與的學員們一同發想可行的商業模式，家電出租自此萌芽。

以媽媽的角度來看，惠珺和蓉琦最先想到自己的居家生活。惠珺提到，工作坊的教練本身是個「家電控」，家中總有各樣新穎且高檔的家電產品，然而目前各家廠商對於家電推陳出新的速度極快，有時我們買了新的款式之後，舊的就堆在家中，呈現丟掉可惜，但要送人也有點奇怪的窘境。

媽媽的眼光和心思也讓她們看到，在寸土寸金的大台北地區，屋內的每一分空間都應該用在生活之上，而不只是成為堆積儲物的地方。也因此，看到家中許多閒置的電器用品，兩人決定做個有點大膽的夢：「試著把這些用不到的家電出租吧。」

推廣以租代買，試用後買，一則能讓只有短期需求的用戶不需要花大錢也能享用高檔家電的便利，二則若是對於特定家電有購買的需要，租用的過程就像是一段試用體驗，讓人有效避免買到不合意的產品徒增浪費。

惠珺分享了一個夏季熱租家電的案例。當時蓉琦在Facebook的家居社團看到有社友詢問「因為空間的關係，想買移動式冷氣，不曉得社友們有推薦的嗎？」夏天一到常有租客詢問「想去露營，有推薦的移動式冷氣嗎？」，更有著因為冷氣壞了排不到維修師傅的租客，一次同時租用好幾台移動式冷氣。

對電電租來說，高人氣的討論度也代表高度的商機。若是租用電器的模式成為一種習慣，與其到處問買哪一台好，或是直接下單買一台擺在家裡，不如先租用看看啊！花點小錢租個幾天，就能知道大家心目中的夢幻逸品來到現實生活中是否也一樣夢幻，還是說只適合「相見不如想念」的距離。

具有高度行動力的兩人，很快就將理念化作行動。起初，先是將家電租給財商社團成員，透過蒐集租用後的回饋來擬訂了出租流程、出租價格、合約內容等細節，等到前置作業大抵完成後，沒有資訊科技背景的兩人，則是先聚集一群志同道合的工作坊學員，透過現有的簡易網頁製作工具，建置了一頁式網站，並將服務名稱取為「家電輕鬆租」，正式開張做起了生意。

網頁上線後，在粉絲專頁陸續收到陌生網友的詢問。有一回，惠珺看到住家社區的鄰居使用了他們的服務，她和這位媽媽聊了一下，「當時那位媽媽跟我說，家裡已經有很多一般價位的吸塵器了，只是比較有名的牌子都蠻貴的，沒想到竟然有這種出租電器網站的存在，想說租金也不多，覺得可以花個幾百塊租用看看。」

租客的回饋與創業理念不謀而合，讓惠珺和蓉琦忙得更起勁了，在還是使用簡易網頁做生意的階段，就累積了二百筆左右的成交紀錄。為了能更穩健的提供服務，惠珺

和蓉琦帶著信心對外募集了一筆資金，正式登記公司名稱為「電電租一家電出租共享平台」。

用多贏思維創造加乘價值

「電電租」這個名字是從「恬恬出租賺外快」的台語諧音而來。好的理念再加上好的名字加持，事業越做越大了，夢想不但成為真實，最初落入土裡的種子也一天天的發芽長大。

有了更明確的目標，面對事業的未來發展，惠珺和蓉琦轉而從輕鬆轉為嚴陣以待，先是將網站升級，讓使用者能有更方便且流暢的操作介面。

惠珺認為，現階段就是不斷討論需求、彼此協調，找到最好平衡點的過程。也因為「媽媽」這個角色仍是她們不論多忙也不願意輕易放下的身分，她說：「媽媽這個角色就是得要很會運用生活中零碎的片段。我們除了很常在深夜開會之外，有時候可能是利用在車上的時間討論，或是碰面的時候還會附帶有小孩子在身邊跑來跑去。」

最先踏上創新之旅，開疆闢土的勇者，除了得要忍受過程中的繁忙與混亂，更重要也更不容易的事，則是當中總是潛伏著太多未知的挑戰，既沒有前人足跡可供參考，也沒有智者能及時提供解惑。

好比說，照著最初的構想，原本預計會來到電電租的人單純是「電租公」與「租客」兩種族群。「電租公」指的是家中有閒置家電想要出租的人，每位客戶只要在平台申請帳號，通過驗證後就可以上架出租家電。而「租客」當然就是想要租用家電的人，沒料到，以「電電租」的型態營運後沒多久，公司就開始接獲商用需求的洽詢。惠珺說，「常有廠商拍廣告時做為擺設，或是在辦活動時臨時有比較大量的電器需求。」

印象十分深刻，蓉琦記得有次租客需求是需要十台外型時尚的捕蚊燈。聽到後她愣了一下，想說：「時尚的捕蚊燈啊？」雖然好像比較少看到這樣的產品，但電電租仍透過網站、社群平台發文強力徵求，最後也如期完成了這項任務。

近年來，空氣汙染嚴重，消費大眾尋求合適的空氣清淨機以確保居家健康，同時也有公司行號裝潢後租用空氣清淨機來消除氣味與甲醛。曾經有建設公司在新建案落成後，透過電電租平台租用二十多台除濕機，以便順利交屋，各種特別的需求，都讓惠珺跟蓉琦相信，在未來，「以租代買」將是最好的家電使用方案。

兩人持續為電電租開拓更多的合作通路，包括與特定商家合作，將他們店內的展示品、福利機或是直接將新品作為租賃使用。這類的互惠模式，一則讓電電租平台能享有更多元的家電品項，而店家也能藉此進行行銷推廣，達到多方雙贏的局面。

不斷優化服務，提升顧客滿意度

隨著電電租的網站持續升級，電租公與租客都能自由的在平台上進行交易，省去許多人工配對時需要耗費的心力與時間，這讓二人有了餘裕，可以邀請更多人加入這場學會資源共享的生活實驗。

在看重體驗與實作的當代，夠好的服務、良好的使用體驗，都讓服務的品質與價值在消費者之間廣泛口耳相傳。當「電電租」剛好搭上了這波時代的潮流，為自己打造一輛專屬的共享列車，惠珺和蓉琦在事業上的付出，就除了實質的租金收入外，對於環境和社會也都別具深刻的意義。

目前分布在全球各地的各樣家電已經超過十億台，每年有高達三千多萬台的家電被報廢。若是這些在人眼中被視為「廢物」的資源，可以在共享平台上發揮價值，這樣的效益不只是活化個人資產，連帶的也減少大量的家電囤積與生產，對生活與環境同樣有極大的幫助。

為了讓更多人願意加入使用電電租的服務，一開始就先設計基本的流程，並進行市場調查，訂定普遍大眾能接受的出租價金。電電租平台正式上線後，系統自動生成客製化電子合約保障租賃雙方的權利。

來自客戶的真心回饋就是最好的養分，這讓她們試著和許多電租公、租客成了好朋友。為此，電電租舉辦過數次線下的交流活動，邀請這些原本只是透過線上交流的人來到現場，除了可以分享個人愛用家電外，也能在交流過程中激出更多的火花。

電電租的愛用者，四寶媽Abby提到，自己多數時間是在家帶小孩兼幫忙顧店，透過電電租的服務，只要是社區附近的租客下單，她就邀請客人到店裡面交，不只是賺到了不少的買菜金，也連帶讓店裡的來客數增加。另一位斜槓工程師則說，電電租的誕生，讓他找到了追求科技狂熱後的出口，甚至還能存下之後的購物金，是個非常超值的選擇。

成就一個友善且願意分享的未來

帶著夢想，將一顆名為共享資源的種子埋入土裡，當種子發芽、逐漸茁壯成樹，為要能達成「十年樹木，百年樹人」的目標，投入創業後持續的優化和創新，就成為澆灌時最好的養分。

回想創業過程，蓉琦和惠珺發現：

◇當真心想要做的，資源會自動來到

惠珺提到每次開會只要大家聚焦在想要創造的結果上，通常不用多久，相對應的資源就接上了。

◇借力使力加速資源整合

電電租有現在的規模要感謝很多貴人，透過他們的經驗、人脈與資源加速電電租整合。

◇習慣接受挑戰

創業每一階段都是挑戰，常常接受挑戰，就會習慣挑戰。

◇為孩子以身作則

初期蓉琦和惠珺常帶孩子們一起開會及參與電電租的活動，孩子們耳濡目染以租代買的觀念，提出要出租玩具的想法，同時對租金、押金感到好奇，當孩子們看到媽媽在創業中的堅持，自然也會帶進他們的心中。

聯合國永續發展目標 SDGs 中，電電租符合指標5實現性別平等，並賦予婦女權力，蓉琦和惠珺創建電電租平台過程中，帶領一群女性共同努力，並協助許多全職或兼職媽咪們在生活上或事業上的啟發，發揮女性影響力。活化閒置家電共享延續家電使用壽命，以租代買模式增進循

環經濟展現了指標12確保永續消費及生產模式。

她們企盼著「電電租」能夠永續經營，不僅在開展品牌知名度之外，同時也開了Podcast頻道「話圈圈」，分享電電租生活圈、創業圈及推廣共享與循環經濟模式。

疫情使然，全球對於居家數位化的需求提升，加速智慧家電產品市場的成長，透過智慧家電出租服務數據化展現效能。

「持續推動電電租，先從租用家電開始到之後租用效能服務。」惠珺和蓉琦畫出了心中夢想的藍圖，現階段結合循環經濟社群推廣「產品服務化」，進一步打造社區亮點計畫，深耕社區生活圈，同時提供家電試用市場、長期租賃及企業租賃專區等不同型態的服務，開啟智慧城市新生活，家電永續生態圈。

蔡佩瑾

Mirror 女子專屬的「聚」樂部

Mirror。無時無刻的陪伴，無可取代。是第一個以「妳」為主，從關心自己情緒出發的女性社群，專注於「女性陪伴」與「情緒書寫」，有隱私的情緒分享、即時溫暖的關心，與真實的生活互動，讓每個女人找到快樂人生的歸屬。

透過會員制的運作，實名認證、匿名分享，整合線上線下資源，確保每一個妳在安全有隱私的環境裡，隨時紀錄自己的情緒，線上找到心靈的陪伴，線下參加各種精彩豐富的活動。

創立時間 | 2020

產品 | Mirror 是第一個以「妳」為主，從關心自己情緒出發的女性社群，透過 AI 智慧辨識，提供最溫暖的「女性陪伴」與了解自我的「情緒書寫」，彼此心靈支持，一起吃喝玩樂。

主要客群 | 想要獲得情緒抒發與同溫層支持的女性

變成大人後
也想要有一起玩的朋友

隨著年齡的成長，生活觸及的範圍愈來愈小，交朋友的難度愈來愈高，工作上的同事常有距離，即使每天相處時間不短，卻也清楚他們永遠到不了心裡。有沒有可能擁有不需經營，相處時輕鬆自在的朋友？沒有壓力的相聚，卻也可以在適當的時候給予陪伴和適切的意見。

像鏡子般，照見自己真實的需要

女孩變成女人後，好像不只身心狀態變得不一樣了，似乎連自己，都完全地託付給了別人，Mirror 創辦人蔡佩瑾有感而發地說：「我發現總忙著家庭、照顧孩子，卻忘了自己，回過頭來，才發現自己被綁走了所有。」如果有一個地方，像是鏡子般，能讓每個人時常提醒覺察的重要，從觀察自己開始，找到由內而外的平衡，然後，重新找回自己，那就是為什麼想要創立 Mirror 平台的初衷。

佩瑾原本也是一位職業婦女，兼顧著工作與家庭，忙碌的腳步，未曾停歇過，忙著忙著，自己都沒有發現，早已失去了快樂，直到女兒的一句話：「媽媽，你快樂嗎？」像是大夢初醒，看著鏡子裡的自己，面露倦怠，失去了笑容。於是，過沒多久的時間，決定離開職場，帶著女兒，展開一場歐洲找回快樂之旅。

歐洲的女性，並不像台灣一樣會以工作或是家庭為主，而是所有的事情都有優先順序，其中不變的是自己。假如小孩在學校有比賽，父母會盡量出席，而不是以工作為重，下班後的生活，安排著想做的事情，並不會因工作而耽誤。

生活與工作之間，有著顯而易見的分水嶺，輕鬆地轉換每個階段的自己，反觀台灣的許多女性，包含佩瑾自己的朋友，當結了婚有了孩子，生活會變得以家庭為主。曾經有一位高中朋友，常常說著自己有多忙，翻開行事曆才發現，所謂的忙碌多半都是家務事，假如抽離這些事情，會發現根本沒有留任何時間給自己。其實要不要被綁住，都是選擇。

以前會認為有了孩子，那麼所有的規劃，都會以孩子為主，像是假日要帶他們去動物園，或是安排游泳等戶外活動，這些地點的考量，都不是自己原本喜歡的事情，只是為了孩子開心而安排。但在歐洲，佩瑾發現不一樣的地方是，當母親在規劃活動時，並不只是為了孩子開心而安排，反而是依照自己喜歡的事情去做規劃，只是多了一個考慮的因素，那就是要選擇適合孩子的地點，例如母親喜歡衝浪，那麼，她一樣會去衝浪，只是選的地方，是比較安全的海域，且適合孩子的。無論身份如何改變，未變的始終是自己，這點，絕對不輕易妥協。

回到台灣後，早已決定不再回到職場工作，所以每天多了許多時間，可以自我安排行程，雖然平常可以自己上街走走，但還是會想要有人可以一起參與，像是喝杯咖啡或是看場電影。但這時蔡佩瑾發現能約出來的朋友並不多，因為多數人平常幾乎都是在工作，想要找到其他人，似乎更不容易，因為並沒有什麼樣的管道，能夠認識到新朋友。

所以，當時就在網路上，發了一篇貼文，想詢問大家，是否有人跟她一樣，苦於無法認識新朋友，可是，又想要有人能夠偶爾一起聊聊天，做點喜歡的事情，結果得到了熱烈的回應，這才發現自己並不孤單。

無論遠近，隨時自在做自己

如果可以，只要幾個小時，一起吃喝玩樂，然後就能擁有更多動力，面對原本的生活，那麼就一起彼此取暖，盡情享受當下的快樂吧！剛開始，還沒成立Mirror平台前，蔡佩瑾在二〇一八年先創辦了一個「一起吃喝玩樂享受生活吧」的私密女性社團，延續本身的公關經驗，開始邀請大家共同來參加活動，讓每個人各司其職，不只可以認識新朋友，還可以依照自己的技能來開課，增加額外收入，當然，最重要的是，在現有的時間內，能夠一起做點什麼。

每一次的聚會，來參加的，多半都是獨自前來，雖然，大家互不認識，卻似乎因為這層關係，反而更加放鬆，可以自在地談論著，那些比較私密的問題以及煩惱。原來，當跨過了三十歲這個門檻後，那些看不見的生活壓力，會開始浮出水面，這些女生慢慢感受到自己的情緒起伏越來越明顯，無論是生活、工作或是家人等，都有著各種煩惱。可是這些感受卻得不到一個適當的宣洩出口，因為不知道和誰說這些煩惱比較適合。所以這些種種成了主要壓力來源，就像是一個不斷充氣的氣球，不知何時會成了一個引爆彈。

結果來參加的人在離開後告訴她：「謝謝你辦了這樣的活動，讓我有了一個地方，可以好好放鬆。」許多時候，反而因為身邊的人太過親近，不只無法提供一個適時的協助，還會無形地讓人感受到壓力，無法好好地說出真心話。但相對來說，在這樣陌生的聚會中，因為少了那些熟識的人，於是可以自在地放掉所有標籤，只是簡單地說出想說的，讓那些無法發洩的情緒，有了一個出口。

漸漸地，越來越多人來參加，甚至不限於台北，全台各地都有想來參加活動的女性，為了讓更多活動能夠落實規劃，不再只是侷限於雙北。於是在2019年，蔡佩瑾決定要把社團變成平台的形式，如此一來就能擴張規模，以商業經營的形式，去執行每個地區的活動與配合的廠商。

會取名為Mirror，是希望每個來參加的女性，都能透過這個平台，像是照鏡子般地看見真實的自己，去讓自己過得更好。在平台上，除了延續原本吃喝玩樂的活動舉辦外，更因認識科技公司，研發了AI情緒辨識的功能，會想要研發的原因，是因為蔡佩瑾從這些來參加的人身上，看到這些女性的真正需求，並不只是聚會聊天而已，而是能由內而外地好好被接納自己，如此一來，才能真正地活出真實的樣貌。

接納之前，先看見情緒

創立了 Mirror 平台後，加入 AI 情緒辨識功能，只要登入平台，自拍後，就能透過臉部辨識記錄自己的當下情緒，讓每個人開始學會如何判斷自己的狀態，進而去調整自身，重新看見那些未曾注意到的情緒變化，不只如此，更可以用匿名的方式分享自己的狀態，然後平台內的成員看到後，能夠即時回應，或是給一個線上擁抱的圖案，讓對方知道自己並不是一個人的。蔡佩瑾希望用這樣的方式，讓彼此知道，自己是隨時都能被關心的，就算見不到面，仍是彼此陪伴的。

回頭看著自己一路以來的改變，離開職場後，不再是以賺多少錢為生活目標，重視的是如何讓自己開心地過日子。那些圍繞在身邊的，不再是同事間的勾心鬥角，而是一種舒服的相處狀態，有時間就聚在一起，參與活動，當下聊得開心。分開後，更不需要有壓力，彼此都能給對方足夠的空間，重要的是在當下，讓這個交會，成了彼此的調劑，能夠重新讓各自有更多動力，回去面對自己的生活。交朋友這件事，不再有任何壓抑，或難以言語的壓力，而是越來越輕鬆的狀態。

每個人都有自己的選擇權，想找人講話，想獨享個人時光，一切都依照自己的心而定，不再為了別人而妥協。同樣地，蔡佩瑾的孩子一路看著母親在做這些事情，開始理解原來彼此都是有選擇權的，並不是以誰為主，而是大家都能選擇自己所要的生活。

對佩瑾來說，現在的生活遠比之前要豐富更多，因為透過這樣的方式，不只認識許多人，還因此體驗到不一樣的事情，因為每個人喜歡的東西都不一樣，整體來說，跟以前的生活相差很多，所以撇除在創業本身的壓力之外，自己是開心的。

對於未來的期許，是希望越來越多女性，都能開始正視自己的心。有些人會認為自己無法放心家庭瑣事，但來參加了幾場活動後，發現原來並沒有如自己想像中的無法放下，很多事只是自己多心了，只要願意，其實是可以透過些微改變，去看見其中變化的。不再把自己放到最後，而是第一順位，開始拿回生活的主導權。

許多人其實都想改變自己的生活，只是有時不知從何改變，像是有些人會覺得生活空虛，或是找不到動力時，就會想要參加一些活動或是課程，但多半都是自己前往，到了現場，參加完活動就各自離開。這些活動成了打發時間的消遣，無法找人聊聊或是認識新朋友。在Mirror，提供的是一種管道，無論你想要的是那一種陪伴，都能在這裡找到方法。

記得有一次，蔡佩瑾剛好要去日本出差，於是在平台上，提到這件事情，想詢問是否有東京的朋友，可以提供一些當地資訊供參考，結果，立刻有一位在東京工作的台灣女孩很熱情的回應，約好一起喝咖啡，雖然初次見面卻完全沒有陌生人的扭捏氛圍，而是就像老朋友般的自在。女孩說她好開心有從台灣來的朋友一起聊聊天，緩解她在異鄉想家的心情。這就是Mirror想帶給女人的－陪伴。

這些事情，在平台上，輪番上演著，常常會看見，誰誰誰在那裡找到了許多朋友，打破了以往對於交新朋友的想像，或許可能只見這麼一次，但在交會的瞬間，卻會讓人備感溫暖，給予當下所需的支持與交流。

黃鈺婷

Vivreine 后域之心創辦人

講求的並不是華麗裝潢或流程，而是踏實的技術，及與人互動的像朋友般的親切感。不只追求美麗更重視本質的保養。

創立時間｜2019
產品｜美甲沙龍
主要客群｜喜歡 smart casual，可以放鬆的環境，但作品精緻與專業的愛美人士。

追求美麗不膚淺
更要活得有趣、有態度

追求外在美和內在美並不矛盾，美不只是外表的引人注目，更是一個人看待自己和生活的方式，是自我的要求，和對美好事物的嚮往。我們偶爾都需要從繁忙的日常裡遁逃與安歇，需要在一個令人舒心的空間，傾吐生活中的煩悶，無論日子多麼奔忙，都要記得留點時間擁抱自己。

愛美，讓我們變成更好的人

隨著生活中大家越來越懂得寵愛與犒賞自己，走在街上，不乏可以發現美容、美睫、美甲等許多類似店家的存在。然而，什麼樣的美感才能真正打動人心？願意付出額外費用來妝點儀容的女子們，他們對於服務的期待又是什麼？這些都是黃鈺婷一直很關注的問題。

黃鈺婷會開始創立這個品牌，是因為親愛的姊姊常常跟黃鈺婷反應，很愛漂亮姊姊的工作，會需要常常在世界各地飛來飛去，也在各國體驗過許多的中高檔沙龍，但始終覺得少了點歸屬感，姊姊覺得很多只是追求形式上的高檔，反而增加了距離感。但其實務實的她，講求的並不是華麗裝潢或流程，而是踏實的技術，及與人互動的像朋友般的親切感。這點也成為黃鈺婷在創立 Vivreine Mani Pro 的一個重要的想法。

專業的背後，更是需要不斷地的練習與訓練美感，以及正確的教育訓練與產品運用，只講求表面的美麗而忽略本質的保養，在 Vivreine Mani Pro 是不可以出現的流程。同業中大多以「速度快、翻桌率才高；有服務到更多的客戶，就也代表生意業績越好、可以賺到更多的錢。」為準則，為了要快速滿足客人「覺得花錢得到實質的服務，看起來變得比之前更漂亮」的期待，美甲通常會以多樣化色彩、加上大量的裝飾，讓人一展現，立即能奪取所有人的目光。

「看起來很漂亮、很炫目，但做的指甲一卸掉之後，馬上發現天生的真指甲，早就傷痕累累。」黃鈺婷認真地說，「所以真正的美麗應該是由內而外的散發，確實的把自己照顧好，那渾然天成的好氣色與光彩是怎麼學也學不來的。」也因此，對於 Vivreine Mani Pro 的服務，她也希望在天然與極簡中，散發自己獨有的質感與風采。

由最微小的指尖裝飾出發，再將目光移到整個空間上，在接受美容服務或護理時，藉著室內氛圍營造得到歇息、慢下來的感覺，縱使時間很短，在這段專屬時間內也可以全然的安靜與放鬆。黃鈺婷貼心地替客人準備，一杯順口的茶或咖啡、一副品質良好的耳機、一張軟硬適中的椅子，讓人滑進個人的小世界、自在做自己，不被外在的人事物干擾，安安靜靜地享受在都市裡片刻的安寧與緩慢。

藏於細節中的精緻精神

鈺婷相信簡單就是美，少即是多的減法法則，只要專注的單純把一件事情做好，便能讓效益最大化、得到最好的收穫。為了貫徹減法法則，讓美甲沙龍能以輕緩的步調與純粹專注的服務來創造最大價值，因此 Vivreine Mani Pro 採用了預約優先制的模式。黃鈺婷認為，講求效率與吸睛度的服務有其消費族群存在；相對的，一定也有客人是希望走質感、精緻的路線。

特別是已在職場上有些歷練，甚或社經地位較高的女性或是男士，對他們來說，價格的高低並非選擇服務時的首要考量，能夠在規劃的時間內得到充分的放鬆，舉手投足間的每樣飾品都與自己的氣場相符，才是能獲得青睞的秘訣。

此時，因著充分的市場調查與客源層次的區別，也讓 Vivreine Mani Pro 在營運之初，不只對空間內使用的軟硬體、服務流程都別有規劃，也與台灣為數眾多的日式美甲及越式美甲不同，獨具一格地在台灣引進俄羅斯體系的美甲用具與方式。

常見的可愛風或華麗風指甲裝飾，多是來自日本，「大概就是我們都很習慣去買日本零食、使用日本美妝或是各種日貨的那種概念。」她笑說，一股腦跟著主流的風潮走，在這相當競爭的美甲行業裡實在很難脫穎而出。

一般人都對俄羅斯的文化與風俗很陌生，其實俄國當地女性愛美也是出了名的，若沒有好好打扮一番，呈現質感，再怎麼天生麗質也不能算是漂亮。因此，俄國有著許多深具藝術特色的指甲彩繪技法，也為此發展出多款好用的工具，各樣別緻與獨特的產品，都和 Vivreine Mani Pro 要以質感做出品牌定位的初心不謀而合，積極的黃鈺婷 帶著高度信心，很快地就和俄式品牌談妥台灣總代理。

美是一門專業

看著黃鈺婷對於台灣美甲市場、消費性的美甲用品滔滔不絕地談論，讓人不禁以為她們都是已在這行打滾多年的資深老手，沒想到，她說「沒有耶，一切都是接了這份工作後，才開始從頭學習與摸索的。」

對黃鈺婷來說，她自認是個「很喜歡折騰自己」的人，從開始工作以來，總是不斷的嘗試在各個不同領域間遊走。這種敢於冒險卻又隨遇而安的精神，讓她在突然有個機會能一手打造Vivreine Mani Pro時，沒想太多就覺得「好啊，再到一個完全不同的世界中看看！」

不論一起在Vivreine Mani Pro工作的契機是什麼，創業近一年後，黃鈺婷認為，要投入一份全新的工作，且還要在工作時從無到有的規劃與建立一切，著實是個很好的成長機會，同時又是「痛並快樂著」的過程。

黃鈺婷表示，縱然已經做過數不清的創業實驗，可是之前的經驗多半是由她個人一手包辦，她說：「一人創業的好處是想清楚後，要做什麼、怎麼做都沒問題，成功和失敗都是在可以承擔的範圍就好。」只是現在不太一樣了，除了要和投資人及不同專業背景的同事溝通，一起經營美甲沙龍，與客戶之間的應對進退還得要保持極高的情商。

既然 Vivreine Mani Pro 的出現，是為了打造手足的質感美麗與提供精緻地舒壓放鬆而生，實際在第一線為顧客施行美容保養的團隊夥伴，同樣值得精心挑選與訓練。

在台灣，不乏有經驗與技術的美容美甲師存在，在這個行業中，她們的工資多半是由顧客消費金額抽成得來。為了獲得更高的工資，時常可見各個美容美甲師之間存在著惡性競爭關係，在施作上也可能採取打馬虎眼的態度，「快一點就好，有做到就好」，卻讓顧客接受美容的部份處在風險中卻不自知。

甚至，雇主也會怕員工拐走了店裡面的客戶，當美容美甲師在服務顧客時，會像監視般的不斷探看，也防著店裡面的技術和資源不會輕易就被員工學走。

對 Vivreine Mani Pro 而言，與其用各種方式來提防和管控員工，不如將她們都是為獨立且值得被尊重的個體。黃鈺婷說，她明白每個人心中都有創業的夢想，都想要成為可以管理別人的那一位。

因此，用同理的眼光來看，就能以更開放的態度和心胸，將員工視為一起創業打拼的一份子。

「不一定要用上對下的關係啊，妳怎麼看待別人的，其實對方也都感受得到。」她說，每位員工和 Vivreine Mani Pro 的緣分有短有長，在還有合作機會的時候，公司能提供的除了是獎金制度加上不錯的福利、自主的時間安排，也很看重員工的在職成長和學習。

Vivreine Mani Pro 除了引進俄羅斯的美甲器材，也與陸續從美國引進專業有效簡單的手足保養品牌，並提供保養精修等體驗活動或訓練課程。各種活動或課程除了開放讓來自各方的美甲師報名，當然也很支持自家人進修。

學了新東西，當然也要有時間和場合練習。這也讓黃鈺婷願意讓美甲師在沒有客人要服務時，可以在上班時間試作、更多磨練自己的技術。希望創造好的工作環境，幫助適合這裡的人才有意願長久留任，所以開放了這樣的機會。相對的，她也認為好人才應當是懂得自律、願意持續成長，員工在空閒時都做些什麼，正巧就透露出一個人真正的工作品格。加上「先敬業才能成為專業」這是黃鈺婷觀察員工是否能夠成為夠格的合作夥伴的一個重點。

隨著 Vivreine Mani Pro 逐漸打出口碑、累積眾多好評，原來舊點的空間已經不敷使用，黃鈺婷果斷地把地點搬至交通更方便的南京三民站附近，接著用加倍的心思和時間，在短短一個月間內，就將其打造成品牌體驗店，以方便體驗服務、美學活動教育和展示所代理的商品使用。

創業旅程上再一次痛並快樂著的必要過程，是想要讓 Vivreine Mani Pro 在網路資訊發達，各樣資訊都容易散播的時代，成為美甲教學與美甲用具的代言人，「只服務能實際來到沙龍享受的客人還是太少啦，唯有從網路著手，才能讓服務的範圍與對像無限擴大！」

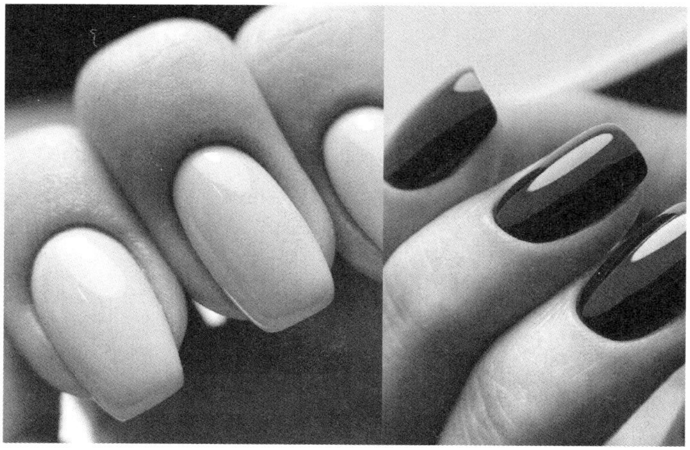

加入會員送
50 元
購 物 金
See晰穀 Grains
穀物配方
囍米訂製
年齡停留在開始吃五穀飯那年
晰穀用心挑選好穀物
邀請您和全家人一起更健康美麗
如果你喜歡我們的產品
請給我們一個讚並分享給您所愛的人
@SeeGrains
www.seegrains.com.tw

RSD
Rita's Seven Days
消費滿千折 $200
肌膚的改變你我都看見
輸入代碼 pretty711 立即折抵
▶ 折價券不可與指定活動並用
▶ 關於「折價卷」活動的相關內容及規則
本公司保留調整、修改或終止該活動之權利
www.pretty7-11.com

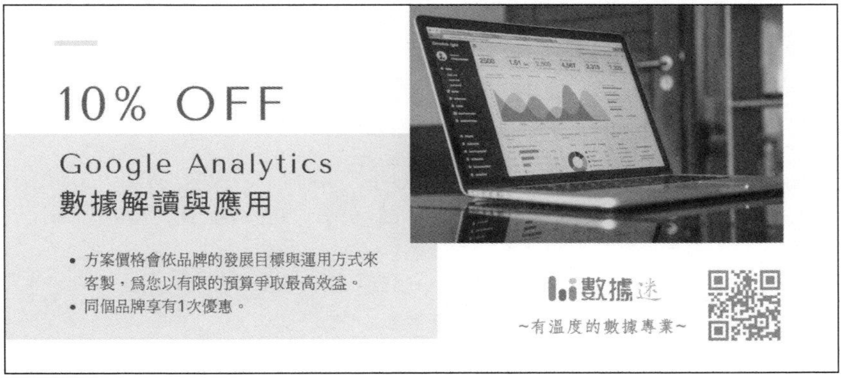
10% OFF
Google Analytics
數據解讀與應用
• 方案價格會依品牌的發展目標與運用方式來客製，爲您以有限的預算爭取最高效益。
• 同個品牌享有1次優惠。
數據迷
~有溫度的數據專業~

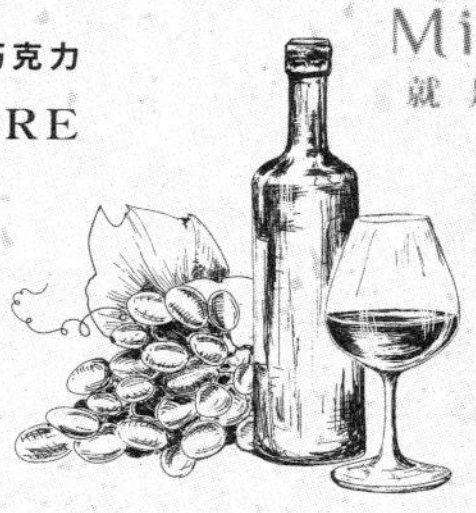

裸廚房
NAKED KITCHEN
寶寶試吃優惠
加入官網會員
再折50元
HELLO KITTY
頭好壯壯寶寶粥

PILI
PILI線上看 599方案
(7天影音體驗免費序號)
序號：PILIAPP
【使用方式及注意事項】
1.掃描QR Code後，請先註冊/登入成為會員，於頁面輸入本卡序號即可啟用。
2.可觀賞霹靂全系列正劇、蝶龍系列、東離劍遊紀系列及霹靂音樂影音內容。
3.序號卡兌換期限至2021/12/31止，經啟用後不得轉換他人使用、取消或展延。
霹靂朝靈闕

PILI
★ 10% COUPON ★
折價券序號
PILIMAG101
1.霹靂購物消費滿千元即可使用，使用期限至 2021/12/31。
2.每個帳號僅限使用乙次，該訂單後續若取消或是進行退換，無法再次返還使用。
3.預購商品、海報館、特殊商品、動漫商品不適用此折價優惠。
4.不得與其他優惠折扣一併使用。
5.本券遺失恕不補發；逾期、破損導致無法辨識序號，視為無效。
6.大霹靂國際整合行銷股份有限公司保有修改與解釋本券用法之權利，如有異動將公佈將官方網站。

女力世代：女人的創業實學

作　　者　HerAttitude 臺灣女性創業支持暨發展協會
封面設計　倪旻鋒
內頁設計　江姿嫻
總 編 輯　陳毓葳
社　　長　林仁祥
出 版 者　沐光文化股份有限公司

發　　行　沐光文化股份有限公司
台北市大安區安和路 2 段 92 號地下 1 樓
電話：(02)2805-2748
E-mail：sunlightculture@gmail.com

印　　製　呈靖彩藝有限公司
電話：(03)322-7195

總 經 銷　大和書報股份有限公司
電話：(02)8990-2588
傳真：(02)2299-7900
地址：新北市五股工業區五工五路 2 號
E-mail：liming.daiho@msa.hinet.net

定價 360 元
初版一刷 2021 年 05 月
缺頁或裝訂錯誤請寄回本社更換。

國家圖書館出版品預行編目 (CIP) 資料

女力時代：女人的創業實學 /HerAttitude 臺灣女性創業支持暨發展協會著 . -- 初版 . -- 臺北市：沐光文化股份有限公司 , 2021.05
面；　公分
ISBN 978-986-99425-2-2(平裝)

1. 女性傳記 2. 創業 3. 成功法　　783.322 110004654